FISCHER BIBLIOTHEK

Sonja Kowalewski

JUGENDERINNERUNGEN

Mit einem Nachwort von
Peter Härtling

S. Fischer Verlag

Aus dem Russischen übersetzt von Louise Flachs-Fokschaneanu,
bearbeitet von Marianne Spiegel

Druck: Georg Wagner, Nördlingen
Einband: G. Lachenmaier, Reutlingen
Printed in Germany 1983
ISBN 3-10-041210-9

I

Aus der Kindheit

Zu gerne wollte ich wissen, ob irgend jemand jenen Augenblick seiner Existenz feststellen kann, da in ihm zum ersten Mal eine bestimmte Vorstellung von seinem eigenen Ich – der erste Schimmer des bewußten Lebens entstand? Ich kann es nicht. Wenn ich meine ersten Erinnerungen im Geiste zu sichten und ordnen beginne, wiederholt sich stets dasselbe: sie weichen gleichsam vor mir zurück. Da glaube ich schon, jenen ersten Eindruck gefunden zu haben, der in meinem Gedächtnis eine deutliche Spur hinterließ, ich brauche aber nur meine Gedanken eine Zeit lang auf ihn zu konzentrieren, so beginnen auch schon andere, einer früheren Epoche angehörende Eindrücke aufzusteigen. Das Gefährliche liegt hauptsächlich darin, daß ich selbst gar nicht bestimmen kann, an welche dieser Eindrücke ich mich *tatsächlich* erinnere, das heißt, welche ich tatsächlich erlebt oder von welchen ich bloß später über meine Kindheit gehört und mir eingebildet habe, daß ich mich deren entsinne, während mir bloß das im Gedächtnis geblieben ist, was mir mitgeteilt wurde. Was noch schlimmer ist – es gelingt mir niemals, auch nur eine dieser ersten Erinnerungen in ihrer ganzen Klarheit hervorzurufen, ohne ihr während des Prozesses des Erinnerns selbst unwillkürlich etwas Fremdes beizumischen.

Wie dem auch sei, wenn ich mich der ersten Lebensjahre zu entsinnen beginne, tritt vor allem folgendes Bild hervor: Glockengeläute, Weihrauch, die Volksmenge, die aus der Kirche drängt, die Njanja, die mich an der Hand führt und sorgsam vor Stößen beschützt. »Gebt acht auf das Kindchen!« fleht sie die uns umdrängende Menge an ... Ein Bekannter der Njanja in einem langen Rock – wahrscheinlich der Diakon oder der Küster – nähert sich ihr und reicht ihr das Abendmahl ... »Gott segne's Ihnen, meine Gnädige«, sagt er.

»Nun, und wie heißen Sie denn, mein braves Kindchen?« wendet er sich zu mir. Ich schweige und sehe ihn mit großen Augen an.

»Eine Schande, Fräulein, seinen Namen nicht zu wissen!« neckt mich der Diakon.

»Sag' mein Mütterchen: mich heißt man Sonjitschka, und mein Papa ist der General Krukowski!« lehrt mich meine Njanja.

Ich bemühe mich, ihre Worte zu wiederholen, aber sie kommen wohl nicht ganz so fließend heraus, denn die Njanja und ihr Bekannter lachen. Er begleitet uns bis zum Hause. Den ganzen Weg lang hüpfe ich vor ihnen her und wiederhole die Worte der Njanja, indem ich sie nach meiner Art verdrehe. Offenbar ist dieses Faktum mir noch neu, und ich strenge mich an, es meinem Gedächtnis einzuprägen.

Als wir bei unserem Haus angekommen sind, zeigt mir der Diakon das Tor. »Sehen Sie, kleines Fräulein, über dem Tor befindet sich ein Haken«, sagt er mir, »wenn Sie einmal vergessen, wie Ihr Papachen heißt, denken

Sie nur daran: es ist ein Krjuk über dem Tor des Krukowski – und Sie werden sich sofort erinnern.«

Es ist mir peinlich, gestehen zu müssen, daß dieses schlechte Wortspiel des Diakon sich meinem Gedächtnis eingeprägt und in meinem Leben geradezu Epoche gemacht hat; von da ab beginne ich meine Zeitrechnung ... das erste Aufkeimen einer präzisen Vorstellung davon, wer ich eigentlich bin, welche Stellung ich in der Welt einnehme.

Aller Wahrscheinlichkeit nach dürfte ich damals zwei, drei Jahre alt gewesen sein und sich diese Szene in Moskau, wo ich geboren wurde, zugetragen haben. Mein Vater gehörte der Artillerie an, und wir mußten oft, ihm in den Obliegenheiten seines Dienstes folgend, von Stadt zu Stadt ziehen.

Dieser ersten Szene, die sich in meiner Erinnerung treu erhalten hat, folgt wieder eine große Lücke; von dem grauen, nebligen Grunde heben sich, bloß hier und da zerstreut, wie helle kleine Punkte allerlei kleine Reiseerlebnisse ab: das Sammeln von Steinchen auf der Chaussee, die Nachtlager in den Poststationen, wie ich die Puppe meiner Schwester aus dem Wagenfenster werfe – eine Reihe unverbundener, aber ziemlich deutlicher Bilder.

Einigermaßen zusammenhängende Erinnerungen beginnen bei mir von meinem fünften Lebensjahr an, als wir in Kaluga wohnten. Wir waren damals drei Kinder: meine Schwester Anjuta, um etwa sechs Jahre älter, und der Bruder Fedja, um drei Jahre jünger als ich.

Vor meinen Augen erscheint unsere Kinderstube als ein

großes, aber niedriges Zimmer, die Njanja brauchte nur auf den Stuhl zu steigen, und sie konnte mit der Hand die Decke berühren. Wir drei schliefen im Kinderzimmer; Anjuta sollte zwar im Zimmer ihrer Gouvernante, einer Französin, schlafen, aber sie weigerte sich und zog es vor, bei uns zu bleiben.

Unsere Kinderbettchen, umgeben von Netzen, stehen nebeneinander, so daß wir am Morgen eines zum anderen hinüberkriechen können, ohne den Fuß auf den Boden zu setzen. Nicht weit davon steht das Bett der Njanja, auf welchem sich ein ganzer Berg von Daunenkissen erhebt. Das ist der Stolz der Njanja. Manchmal, während des Tages, wenn sie guter Laune ist, gestattet sie, daß wir uns auf ihrem Bett herumwälzen. Wir klettern mit Hilfe des Stuhles hinauf, aber kaum haben wir die höchste Spitze erreicht, fällt der Berg auch schon unter uns zusammen, und wir versinken in einem Meer von Daunen. Das unterhält uns sehr.

Ich brauche nur an unsere Kinderstube zu denken, so spüre ich sofort in unvermeidlicher Ideenassoziation einen sonderbaren Geruch – ein Gemisch von Weihrauch, Leinöl, Balsam und Talgkerzendunst. Lange habe ich diesen eigenartigen Geruch nicht mehr wahrgenommen, ich glaube, daß man ihn jetzt nicht nur im Ausland, sondern auch in Petersburg oder Moskau selten findet; da besuchte ich aber vor ungefähr zwei Jahren meine Bekannten auf dem Lande, und als ich ihre Kinderstube betrat, schlug mir sofort der alte Geruch entgegen und weckte in mir eine ganze Reihe längst vergessener Gefühle und Erinnerungen.

Die Gouvernante kann in unsere Kinderstube nicht treten, ohne voll Ekel das Taschentuch an die Nase zu führen. »Aber öffnen Sie doch das kleine Fenster!« fleht sie in gebrochenem Russisch die Njanja an.
Die Kinderfrau betrachtet diese Bemerkung als eine persönliche Beleidigung. »Da sieh' mal, was die Ungläubige ausgeheckt hat! Ich werde das Fensterchen öffnen, damit sich die herrschaftlichen Kinder erkälten!« brummt sie, während die Gouvernante hinausgeht.
Ihre Scharmützel mit der Erzieherin wiederholen sich jeden Morgen in schöner Regelmäßigkeit.
Die liebe Sonne blickt schon längst in unsere Kinderstube. Wir öffnen, eines nach dem andern, die Äuglein, beeilen uns aber keineswegs, aufzustehen und uns anzukleiden. Zwischen dem Augenblick des Erwachens und dem, da wir uns anziehen müssen, vergeht noch eine lange Zeit mit Herumbalgen, Kissenwerfen, in die nackten Beine zwicken, Unsinn schwätzen.
Im Zimmer verbreitet sich ein appetitlicher Kaffeegeruch; die Njanja selbst, erst halb angekleidet, vertauscht bloß die Nachthaube mit dem Seidentuch, welches sie tagsüber zu tragen pflegt, bringt das Servierbrett mit der großen kupfernen Kaffeekanne und wartet uns, die wir ungekämmt in den Bettchen liegen, mit Sahne, Kaffee und Butterbrötchen auf. Manchmal schlafen wir, vom vorhergegangenen Herumbalgen ermüdet, nach diesem Frühstück wieder ein.
Aber da öffnet sich geräuschvoll die Tür der Kinderstube, und auf der Schwelle erscheint die erzürnte Gouvernante. »Comment! Vous êtes encore au lit, Annette! Il est onze

heures. Vous êtes de nouveau en retard pour votre leçon!« ruft sie empört.

»So lange dürfen die Kinder nicht schlafen, ich werden mich beklagen beim General«, wendet sie sich an die Njanja.

»Nu lauf' beklage dich, du Schlange!« brummt die Njanja ihr nach und kann sich noch lange nach ihrem Fortgehen nicht beruhigen und brummt weiter:

»Selbst Herrschaftskinder darf man nicht ausschlafen lassen! Deine Stunde versäumt! Ein großes Unglück das! Du wirst auch warten können, wichtigtuerische Person, du!«

Ungeachtet des Brummens hält es die Njanja nun für angezeigt, sich ernstlich an unsere Toilette zu machen, und das muß man zugeben – wenn auch die Vorbereitung sich verzögert, so geht dafür das Ankleiden selbst sehr rasch vor sich. Die Kinderfrau wäscht uns mit einem feuchten Handtuch Gesicht und Hände, fährt mit dem Kamm ein-, zweimal durch unsere zerzausten Mähnen, streift uns die Kleidchen über, an denen nicht selten einige Knöpfe fehlen – und fertig sind wir.

Die Schwester begibt sich zur Lektion, ich und der Bruder bleiben in der Kinderstube.

Die Njanja läßt sich durch unsere Gegenwart nicht stören, wirbelt beim Kehren ganze Staubwolken vom Boden auf, deckt unsere Bettchen zu, schüttelt ihre eigenen Kissen und dann heißt das: das Kinderzimmer ist für den ganzen Tag in Ordnung gebracht.

Ich sitze mit dem Bruder auf dem Lederdivan, an dem stellenweise der Bezug weggerissen ist und das Roßhaar

in großen Büscheln hervorquillt, und wir beschäftigen uns mit unserem Spielzeug. Man führt uns nur selten spazieren, nur bei schönem Wetter oder an großen Festtagen, wenn die Kinderfrau mit uns in die Kirche geht.
Wenn die Lektion zu Ende ist, eilt die Schwester sofort wieder zu uns, bei der Gouvernante ist es ihr langweilig, bei uns ist es lustiger, umsomehr als zur Njanja oft Gäste kommen, andere Kinderfrauen oder ein Stubenmädchen, denen sie mit Kaffee aufwartet und von denen man viel Interessantes erfahren kann.
Manchmal wirft die Mutter einen Blick in unsere Stube. Wenn ich mich der Mutter aus dieser ersten Zeit meiner Kindheit erinnere, erscheint sie mir immer als eine ganz junge, wunderschöne Frau, fröhlich und geschmückt. Am häufigsten erinnere ich mich ihrer im Ballkleid, dekolletiert, mit entblößten Armen und einigen Armbändern und Ringen. Sie ist im Begriff, irgendwohin zu gehen, zu einer Soiree, und kommt, um sich von uns zu verabschieden.
Kaum zeigt sie sich in der Tür der Kinderstube, läuft Anjuta sofort auf sie zu, beginnt ihr Hände und Hals zu küssen und alle ihre goldenen Ringe zu betrachten und betasten. »Ich werde auch so schön sein wie Mama, wenn ich erwachsen bin!« sagt sie, indem sie Mamas Schmuck anlegt und sich auf die Fußspitzen stellt, um sich in dem kleinen Spiegel, der an der Wand hängt, zu bewundern. Das unterhält Mama sehr.
Auch ich habe manchmal das Verlangen, mich an die Mutter zu schmiegen, auf ihren Schoß zu klettern; aber diese Versuche enden immer damit, daß ich ungeschickterweise

der Mutter bald weh tue, bald das Kleid zerreiße, und dann laufe ich beschämt davon und verstecke mich in einem Winkel. Deshalb entwickelte sich in mir eine gewisse Scheu in dem Verhältnis zur Mutter, und sie wurde dadurch noch größer, daß ich oft Gelegenheit hatte, von der Kinderfrau zu hören, Anjuta und Fedja seien Mamas Lieblinge, ich aber werde nicht geliebt.

Ich weiß nicht, ob es sich wirklich so verhielt, aber die Njanja wiederholte das oft, ohne sich durch meine Anwesenheit daran hindern zu lassen. Vielleicht schien ihr dies bloß deshalb so, weil sie selbst mich viel lieber hatte als die anderen Kinder. Obgleich sie uns alle in gleicher Weise großzog, behandelte sie mich als ihren besonderen Schützling, und deshalb fühlte sie sich wegen jeder ihrer Ansicht nach mir zugefügten Kränkung für mich verletzt.

Anjuta, als die bedeutend ältere, erfreute sich selbstverständlich im Vergleiche zu uns großer Vorrechte. Sie wuchs wie ein freier Kosak auf und erkannte niemanden als Autorität über sich an. Ihr war der freie Zutritt in den Salon offen, sie erwarb sich schon im Kindesalter den Ruf eines entzückenden Geschöpfes und gewöhnte sich daran, die Gäste mit ihren Witzen, manchmal mit sehr groben Späßen und naseweisen Bemerkungen zu unterhalten. Der Bruder und ich durften uns nur bei besonderen Anlässen zeigen; gewöhnlich nahmen wir das Frühstück und Mittagsmahl in der Kinderstube ein.

Manchmal, wenn bei uns Gäste zu Mittag waren, kam, wenn das Dessert aufgetragen wurde, Mamas Stubenmädchen Nastasja ins Kinderzimmer gelaufen.

»Njanjuschka, schnell, ziehen Sie Fedjenka das blaue Seidenhemdchen an und bringen Sie ihn ins Speisezimmer! Die gnädige Frau will ihn den Gästen zeigen«, sagte sie.

»Befahl man auch Sonjitschka anzuziehen?« fragte die Njanja mit erzürnter Stimme, als wußte sie schon im voraus die Antwort.

»Sonjitschka? Nicht nötig! Sie wird im Kinderzimmer bleiben! Sie ist unsere Stubenhockerin!« antwortete das Mädchen lachend und wohl wissend, wie sehr diese Antwort Njanjuschka erzürnen würde.

Und in der Tat sieht die Njanja in diesem Wunsch, den Gästen bloß Fedjenka zu zeigen, eine grausame Kränkung für mich und geht dann lange böse umher, brummt etwas, sieht mich mit einem mitleidigen Blick an und sagt, indem sie mir liebevoll über die Haare streicht: »Du mein Armes!«

Es ist Abend. Die Njanja hat mich und den Bruder schon zu Bett gebracht, aber sie selbst hat das seidene Kopftuch noch nicht abgenommen, was bei ihr den Übergang vom Tag zur Ruhe bedeuten würde. Sie sitzt auf dem Divan vor dem runden Tisch und trinkt in Gesellschaft Nastasjas noch ein Täßchen Tee.

Nur die trübe Flamme der blakenden Talgkerze, welche die Njanja lange zu putzen vergaß, tritt wie ein gelber Fleck aus der Dunkelheit hervor, und in dem gegenüberliegenden Winkel des Zimmers wirft das blau flimmernde Licht der kleinen Lampe vor dem Heiligenbild auf der Decke seltsame Schatten und beleuchtet in hellen Umrissen die segnende Hand des Erlösers.

Dicht neben mir höre ich das gleichmäßige Atmen meines schlafenden Bruders, und aus dem Winkel hinter dem Ofen vernimmt man das schwere Schnaufen unseres Dienstmädchens, der stumpfnasigen Fekluscha, die der ständige Sündenbock der Njanja ist. Sie schläft hier in der Kinderstube auf der Diele, auf einem Stück grauen Filz, das sie am Abend ausbreitet und am Tage in der kleinen Rumpelkammer aufbewahrt.

Die Njanja und Nastasja besprechen mit halblauter Stimme, in dem Glauben, daß wir fest schlafen, ungeniert alle häuslichen Ereignisse. Ich schlafe aber nicht, im Gegenteil, ich höre aufmerksam zu, was sie sagen. Vieles verstehe ich natürlich nicht, manches erscheint mir nicht interessant genug; es kommt sogar vor, daß ich inmitten einer Geschichte einschlafe, ohne das Ende gehört zu haben. Aber aus den Abrissen ihrer Gespräche, die zu meinem Bewußtsein gelangen, gestalten sich phantastische Bilder und lassen unauslöschliche Spuren für das ganze Leben zurück.

»Nu, wie soll ich sie denn nicht lieb haben, lieber als die anderen Kinder«, höre ich die Njanja sagen und merke, daß von mir die Rede ist. »Hab' ich sie doch fast allein aufgezogen. Die anderen haben sich gar nicht um sie gekümmert. Als Anjutitschka uns geboren wurde, konnten sich Väterchen und Mütterchen und Großväterchen und die Tantchen an ihr nicht satt sehen, weil sie das Erstgeborene war. Man ließ mir manchmal gar nicht die Zeit, sie richtig zu warten; jeden Augenblick nimmt sie mir bald der eine, bald der andere ab! Nun, mit Sonjitschka war die Sache anders.«

Bei dieser Stelle der Erzählung, die sich sehr oft wiederholte, senkte die Njanja immer geheimnisvoll die Stimme, was mich selbstverständlich noch mehr die Ohren spitzen ließ.

»Sie ist nicht zur gelegenen Zeit geboren, mein Täubchen, das ist es!« sagt die Njanja halb flüsternd. »Unser Herr hat, glaube ich, am Vorabend ihrer Geburt im englischen Klub viel verspielt ... es kam bis dahin, daß man die Brillanten der Gnädigen verpfänden mußte! Nu, konnte man sich da über die Geburt einer Tochter freuen? Ja, und außerdem haben sowohl der gnädige Herr wie die gnädige Frau durchaus ein Söhnchen haben wollen. Die gnädige Frau hat immer zu mir gesagt: »Na, wirst schon sehen, Njanja, es wird ein Bub!« Sie haben auch alles vorbereitet für einen Jungen – ein Kruzifix und ein Häubchen mit blauen Bändchen. Indes war's keiner, da hast du es! Wieder ein Mädchen! Die Gnädige hat sich darüber so sehr gegrämt, daß sie es gar nicht ansehen wollte; aber Fedjenka hat beide dann getröstet.«

Diese Erzählung der Njanja wiederholte sich sehr oft, und doch hörte ich sie jedesmal mit derselben Neugierde an, so daß sie sich tief in mein Gedächtnis eingegraben hat. Dank dieser Gespräche nistete sich in mir frühzeitig die Überzeugung ein, daß ich nicht zu den Lieblingen gehörte, und das wirkte auf meinen Charakter zurück, es entwickelten sich bei mir immer mehr und mehr Scheu und Verschlossenheit.

Man brachte mich mitunter in den Salon – ich stehe da, mache ein mürrisches Gesicht, fasse mit beiden Händen nach dem Kleide der Njanja, man kann kein Wort aus mir herausbringen. Wie die Njanja mir auch zureden mag, ich schweige hartnäckig und sehe wie ein gehetztes Tierchen alle tückisch, ängstlich und böse an, bis die Mutter endlich ärgerlich sagt: »Nu, Njanja, bringen Sie Ihren Wildfang in die Kinderstube zurück! Man muß sich ja vor den Gästen schämen! Sie hat wohl ihr Zünglein verschluckt!«

Unter anderen Kindern, die ich selten zu sehen bekam, war ich ebenfalls sehr scheu. Wenn ich auf Spaziergängen mit der Njanja manchmal Kinder auf der Straße lärmend spielen sah, empfand ich Neid und den Wunsch, mich zu ihnen zu gesellen. Allein die Njanja erlaubte es mir nie. »Was? Du, Mütterchen? Wie darfst du, ein Fräulein, mit gewöhnlichen Kindern spielen!« sagte sie in so verweisendem und überzeugtem Ton, daß ich – ich entsinne mich dessen ganz genau – mich sofort meines Wunsches schämte. Im übrigen vergingen mir bald Lust und Sinn, mit anderen Kindern zu spielen: wenn mitunter ein Mädchen meines Alters mich besuchte, wußte ich niemals, wovon ich mit ihr sprechen sollte, und stand da und dachte bloß: »Wird sie denn nicht bald fortgehen?«

Am glücklichsten fühlte ich mich, wenn ich mit meiner Njanja allein blieb. An den Abenden, wenn Fedja bereits zu Bett gebracht war und Anjuta in den Salon zu den Gästen lief, setzte ich mich zur Njanja auf den Divan, schmiegte mich ganz eng an sie, und dann erzählte sie mir Märchen. Welche tiefe Spuren diese Märchen in meiner Phantasie zurückließen, schließe ich daraus, daß ich mich in wachem Zustande ihrer nur schwach zu erinnern vermag, jedoch jetzt noch manchmal vom »schwarzen Tod«, dem »Werwolf«, der »zwölfköpfigen Schlange« träume, und sie rufen in mir stets denselben atembeklemmenden Schreck hervor, den ich mit fünf Jahren empfand, als ich den Märchen der Njanja lauschte.

Zu dieser Zeit meines Lebens ging mit mir etwas Seltsames vor. Manchmal überkam mich das Gefühl einer unerklärlichen Bangigkeit. Ich erinnere mich lebhaft dieses Gefühls. Es stellte sich gewöhnlich ein, wenn ich bei Eintritt der Dämmerung allein im Zimmer blieb. Wenn ich dann, wie es vorkam, während des Spielens plötzlich aufblickte, gewahrte ich einen schwarzen Schatten unter dem Bett oder sah ihn aus irgendeinem Winkel hervorkriechen; mir war dann, als hätte sich etwas Fremdes eingeschlichen, und diese Anwesenheit eines Neuen, Unbekannten begann mir so das Herz zu beklemmen, daß ich schnell die Njanja suchen lief, deren persönliche Nähe mich zu beruhigen imstande war. Diese quälende Empfindung konnte allerdings mehrere Stunden währen.

Ich glaube, viele nervöse Kinder empfinden Ähnliches. In solchen Fällen sagt man gewöhnlich, das Kind fürchte sich im Finstern; allein dies ist ganz falsch. Erstens ist diese komplizierte Empfindung viel eher der Bangigkeit als der Furcht ähnlich; zweitens wird dieselbe nicht durch die Finsternis selbst oder irgendwelche mit ihr zusammenhängende Vorstellungen hervorgerufen, sondern gerade durch das Vorempfinden des Hereinbrechens der Finsternis. Ich kann mich auch erinnern, daß ein ähnliches Gefühl mich in der Kinderzeit unter ganz anderen Umständen erfaßte, zum Beispiel wenn ich bei Spaziergängen plötzlich ein großes, im Bau befindliches Haus mit kahlen Ziegelmauern und leeren Fensterhöhlen vor mir sah. Ich empfand es auch im Sommer, wenn ich mich auf den Rücken ins Gras legte und nach oben in den wolkenlosen Himmel blickte. Es zeigten sich allmählich noch andere Symptome übergroßer Nervosität, zum Beispiel ein bis zum Erschrecken gehender Abscheu vor jeder physischen Abnormität. Wurde in meiner Gegenwart von einem Hühnchen mit zwei Köpfen oder einem Kalb mit drei Hufen erzählt, so zitterte ich am ganzen Körper und sah dann in der darauffolgenden Nacht die Mißgeburten im Traume und weckte die Njanja mit einem durchdringenden Schrei. Ich entsinne mich noch jetzt des Menschen mit drei Füßen, der mich während meiner ganzen Kindheit im Traum verfolgte.

Selbst der Anblick einer zerbrochenen Puppe setzte mich in Schrecken; ließ ich meine Puppe einmal fallen, mußte die Njanja sie aufheben und mir sagen, ob ihr Kopf heil geblieben; war dies nicht der Fall, so mußte die Njanja sie fortschaffen, ohne sie mir zu zeigen. Ich erinnere mich jetzt noch folgenden Falles: als Anjuta mich einmal allein traf und mich damit neckte, daß sie mir eine Wachspuppe, an welcher die herausgefallenen schwarzen Augen baumelten, ins Gesicht steckte, bekam ich Krämpfe.

Ich war überhaupt auf dem Wege, ein nervöses, kränkliches Kind zu werden, allein bald darauf kam ich in eine andere Umgebung, und alles das nahm ein Ende.

II

Als ich ungefähr sechs Jahre alt war, nahm mein Vater den Abschied und ließ sich auf unserem Familiengut Palibino im Gouvernement Witebsk nieder. Damals schon behauptete sich hartnäckig das Gerücht von der bevorstehenden Bauernbefreiung, und das veranlaßte meinen Vater, sich ernsthafter mit der Gutswirtschaft zu befassen, die bisher ein Verwalter geleitet hatte.

Bald nach unserer Übersiedlung aufs Land trug sich in unserem Hause etwas zu, was sich sehr lebhaft meinem Gedächtnis einprägte. Dieser Vorfall machte übrigens auf alle im Hause einen so mächtigen Eindruck, daß man sich später oft an ihn erinnerte, und meine eigenen Eindrücke vermischten sich daher so sehr mit den späteren Erzählungen, daß ich die einen von den anderen nicht zu unterscheiden vermag. Ich erzähle deshalb alles so, wie es mir heute vor Augen steht.

Plötzlich begannen allerhand Gegenstände aus unserem Kinderzimmer zu verschwinden. Die Njanja braucht nur eine Zeitlang an einen Gegenstand nicht zu denken, so findet sie ihn nicht mehr, wenn sie ihn sucht, obgleich die Njanja darauf schwören will, daß sie selbst ihn eigenhändig in den Schrank oder die Kommode gelegt hat. Anfangs kümmerte man sich wenig um diese Vorkommnisse, als sie sich aber immer häufiger wiederholten und wertvollere Gegenstände abhanden kamen – ein silbernes Löffelchen, ein goldener Fingerhut, ein Perlmutter-Federmesser –, wurde man unruhig. Offensichtlich befand sich ein Dieb unter uns. Die Njanja, die für die den Kindern gehörenden Sachen verantwortlich zu sein glaubte, war besorgter als alle anderen und nahm sich vor, den Dieb um jeden Preis ausfindig zu machen.

Der Verdacht mußte natürlich vor allem auf die arme Fekluscha, unser Mädchen, fallen. Zwar war sie bereits seit drei Jahren der Kinderstube zugeteilt, und die Njanja hatte an ihr während der ganzen Zeit nichts Verdächtiges bemerkt. Allein nach der Ansicht der Njanja bewies dies noch gar nichts. »Früher war sie eben noch klein, konnte den Wert der Gegenstände nicht ermessen«, argumentierte die Njanja, »jetzt aber ist sie erwachsen und ist klüger geworden. Dann lebt ja hier im Dorf ihre Familie – der trägt sie das herrschaftliche Eigentum zu!«

Auf Grund solcher Erwägungen ließ die Njanja immer mehr durchblicken, daß sie Fekluscha für die Schuldige hielt, so daß man diese immer strenger und unfreundlicher behandelte, und die Unglückliche, die instinktiv die Verdächtigung herausfühlte, sah von Tag zu Tag schuldbewußter aus.

Allein wie scharf auch die Njanja Fekluscha beobachtete, so konnte sie ihr lange nichts nachweisen. Die vermißten Gegenstände fanden sich nicht, und es kamen immer wieder neue abhanden. Eines Tages verschwand aus dem Schrank der Njanja Anjutas Sparbüchse, die mindestens vierzig Rubel enthielt. Die Kunde davon drang sogar bis zu meinem Vater; er rief die Njanja zu sich und gab

ihr den strengen Auftrag, den Dieb unbedingt ausfindig zu machen. Nun, dies sahen alle ein, wurde die Sache ernst.
Die Njanja war verzweifelt. Einmal nachts erwachte sie und horchte: aus dem Winkel, wo Fekluscha schläft, hört man ein seltsames Schnalzen. Die Njanja streckt vorsichtig die Hand nach den Streichhölzern aus, macht rasch Licht. Was sieht sie? Fekluscha, im Winkel kauernd, hält zwischen den Knien einen großen Topf mit Eingemachtem, ißt daraus mit vollem Munde und wischt den Topf mit Brotrinde aus. Es sei bemerkt, daß die Beschließerin einige Tage vorher geklagt hatte, es fehlten Konfitüren aus der Vorratskammer.
Aus dem Bett springen und die Verbrecherin am Zopf packen, war für die Njanja natürlich das Werk einer einzigen Sekunde.
»Ah ... erwischt, Nichtsnutzige! Sag, woher hast du das Eingemachte?« schrie sie mit Donnerstimme, das Mädchen erbarmungslos an den Haaren zerrend.
»Njanja, Täubchen! Ich bin unschuldig, wahrhaftig!« jammerte Fekluscha. »Die Nähterin Maria Wassiliewna schenkte mir gestern abend diesen Topf und befahl mir bloß, ihn vor Ihnen zu verbergen.«
Diese Rechtfertigung kam der Njanja nicht glaubwürdig vor.
»Nu, Mütterchen, du wirst auch noch lügen ... wie es scheint, bist du darin nicht gerade Meisterin!« sagte sie verächtlich. »Nu, ist das möglich, daß Maria Wassiliewna dir mit Eingemachtem aufwartet?«
»Njanja, Täubchen, ich lüge nicht! Es ist wahr! Fra-

gen Sie sie selbst. Ich habe ihr vorgestern die Plätteisen gewärmt, sie hat mir dafür Eingemachtes geschenkt und mir bloß befohlen: ›Zeig's nicht der Njanjuschka, sonst zankt sie, daß ich dich verwöhne‹«, behauptete Fekluscha.

»Nu, ist recht, morgen früh wollen wir die Sache untersuchen!« schloß die Njanja, und am nächsten Morgen sperrte sie Fekluscha in die finstere Kammer, aus der man noch lange das Schluchzen des Mädchens vernahm.

Am darauffolgenden Tage fand die Untersuchung statt. Maria Wassiliewna war Schneiderin und lebte bereits lange bei uns. Sie war keine Leibeigene, sondern eine Freigelassene, erfreute sich bei der übrigen Dienerschaft großer Achtung und hatte ihr eigenes Zimmer, in welchem ihr von der herrschaftlichen Tafel serviert wurde. Sie war sehr hochmütig und hielt sich von dem Gesinde fern. Man schätzte sie bei uns im Hause, weil sie sehr geschmackvoll arbeitete. »Einfach goldene Hände hat sie«, sagte man von ihr. Sie war, glaube ich, schon nahe an den Vierzigern, hatte große, schwarze Augen, ihr mageres Gesicht sah kränklich aus. Maria war nicht schön, ich erinnere mich aber, daß die Erwachsenen im Hause stets hervorhoben, ihr Aussehen sei sehr »*distingué*« ... »man würde es gar nicht glauben, daß sie eine einfache Nähterin sei!« Ihre Kleidung war immer nett und rein, ihr Zimmer hielt sie in bester Ordnung, sogar mit einem gewissen Anstrich von Eleganz. Auf dem Fensterbrett standen immer einige Geranientöpfe, die Wände waren mit billigen, kleinen Bildern behängt, und auf dem Brett im Winkel waren allerlei Porzellan-Nippes aufgestellt – Schwäne mit vergoldeten Schnäbeln; Pantoffeln, mit rosa Blümchen verziert, an denen ich mich als Kind ungemein ergötzte.

Uns Kindern erschien Maria Wassiliewna vor allem deshalb interessant, weil über sie die folgende Geschichte in Umlauf war:

In der Jugend war sie ein schönes, gesundes Mädchen, Leibeigene einer Gutsbesitzerin. Letztere hatte einen erwachsenen Sohn, der Offizier war. Der kam einmal auf Urlaub nach Hause und schenkte Maria Wassiliewna ein paar Silbermünzen. Zum Unglück erblickte die alte Herrin, als sie in die Gesindestube kam, das Geld in der Hand des Mädchens. »Wie kommst du dazu?« fragte sie, und Maria Wassiliewna erschrak so sehr, daß sie die Münzen verschluckte. Es wurde ihr sofort übel, ihr Gesicht wurde gelb, und sie stürzte zu Boden. Man konnte sie nur mit Mühe ins Leben zurückrufen. Sie kränkelte lange und büßte damals für immer ihre Schönheit und Frische ein. Die alte Gutsbesitzerin starb bald darauf, und der junge Herr schenkte Maria Wassiliewna die Freiheit.

Diese Geschichte von dem verschluckten Gelde interessierte uns Kinder ungeheuer, und wir nötigten Maria Wassiliewna immer wieder, sie uns in allen Einzelheiten zu erzählen. Maria Wassiliewna kam häufig in die Kinderstube, obgleich sie mit der Njanja nicht auf bestem Fuße lebte. Wir Kinder liefen gern zu ihr ins Zimmer, zumal in der Dämmerung, wenn sie, ob sie wollte oder nicht, die Arbeit weglegen mußte. Dann setzte sie sich ans Fenster, stützte den Kopf in die Hand und sang mit schwermütiger Stimme alte, rührende Romanzen: »In den tiefen Tälern« oder »Schwarze Blume, düstere Blume«. Ihr Gesang war sehr wehmütig, und als Kind liebte ich ihn, obgleich er mich immer traurig stimmte. Es kam mitunter vor, daß sie den Gesang abbrach, weil sie ein Anfall jenes furchtbaren Hustens überkam, der sie schon seit vielen Jahren quälte und der ihre flache, eingefallene Brust zu sprengen drohte.

Als sich die Njanja am Morgen nach dem beschriebenen Vorfall mit Fekluscha an Maria Wassiliewna mit der Frage wandte: »Ist es wahr, daß Sie dem Mädchen Eingemachtes gaben?« zeigte sie, wie zu erwarten war, ein erstauntes Gesicht.

»Was haben Sie sich da ausgedacht, Njanjuschka? Ich werde das Mädchen so verwöhnen?! Ich selbst habe kein Eingemachtes!« sagte sie beleidigt.

Jetzt war die Sache klar. Allein Fekluschas Unverschämtheit ging so weit, daß sie ungeachtet dieser kategorischen Erklärung auch weiter auf ihrer Aussage beharrte.

»Maria Wassiliewna, in Christi Namen! Ist es denn möglich, daß Sie vergessen haben? Ja, noch gestern Abend riefen Sie mich selbst zu sich, lobten mich wegen der Plätteisen und gaben mir das Eingemachte«, sagte sie, mit verzweifelter, von Tränen unterbrochener Stimme und am ganzen Leibe zitternd.

»Du bist wohl krank und nicht recht bei Sinnen, Fekluscha«, erwiderte Maria Wassiliewna ruhig, und auf ihrem blassen, blutlosen Gesicht zeigte sich nicht die geringste Spur einer Erregung.

Nun bestand weder für die Njanja noch für die anderen Hausgenossen der geringste Zweifel an Fekluschas Schuld. Man führte die Verbrecherin ab und schloß sie in einer abseits liegenden Kammer ein.

»Hier wirst du bleiben, Nichtsnutzige, bekommst nichts zu essen und zu trinken, bis du deine Schuld gestanden hast!« sagte die Njanja und drehte den Schlüssel im mächtigen Schloß herum.

Dieser Vorfall machte selbstverständlich viel Aufsehen im Hause. Jeder von den Dienstleuten ersann einen Vorwand, um zur Njanja zu laufen und mit ihr diese interessante Angelegenheit zu besprechen. Unser Kinderzimmer glich tagsüber einem Klub.

Fekluscha hatte keinen Vater mehr, und ihre Mutter lebte im Dorf; diese kam aber öfter ins Haus, um der Wäscherin bei der Arbeit zu helfen. Sie erfuhr selbstverständlich bald von dem Vorfall, kam ins Kinderzimmer gelaufen, erging sich in lauten Klagen und versicherte, ihre Tochter sei unschuldig. Aber die Njanja brachte sie rasch zum Schweigen.

»Mach' du nur keinen solchen Lärm, Mütterchen! Wart' nur, wir werden schon herausfinden, wohin dein Töchterchen die gestohlenen Sachen geschleppt hat!« sagte sie mit so strengem und vielsagendem Blick, daß die arme Frau Angst bekam und fortging.

Die öffentliche Meinung sprach sich entschieden gegen Fekluscha aus. »Daß sie das Eingemachte entwendet hat, beweist, daß sie auch die anderen Sachen gestohlen hat«, sagten alle. Die Entrüstung gegen sie war nicht zuletzt deshalb so groß, weil diese wiederholten geheimnisvollen

Diebstähle die gesamte Dienerschaft während vieler schwerer Wochen bedrückten. Jeder befürchtete insgeheim, selbst in Verdacht zu kommen; die Entdeckung des Diebes war daher für alle eine Erleichterung.
Allein Fekluscha gestand noch immer nicht. Die Njanja besuchte einige Male im Laufe des Tages ihre Gefangene, die eigensinnig wiederholte: »Ich habe nicht gestohlen. Gott wird Maria Wassiliewna dafür strafen, daß sie eine Waise beleidigt!«
Gegen Abend kam die Mutter ins Kinderzimmer.
»Njanja, sind Sie nicht zu streng gegen das unglückliche Mädchen? Wie kann man das Kind den ganzen Tag ohne Nahrung lassen!« sagte sie besorgt.
Aber die Njanja wollte von Gnade nichts hören. »Wo denken Sie hin, gnädige Frau? Eine solche noch bedauern! Diese Abscheuliche, die beinahe ehrliche Leute in Verdacht gebracht hätte!« Sie sagte dies mit solcher Überzeugung, daß die Mutter nicht weiter darauf bestehen wollte und fortging, ohne für die kleine Verbrecherin eine Erleichterung erlangt zu haben.
Der nächste Tag kam. Fekluscha hatte noch immer nicht gestanden. Ihre Richter wurden schon unruhig, als plötzlich um die Mittagszeit die Njanja mit triumphierender Miene bei unserer Mutter erschien.
»Unser Vögelchen hat bekannt!« sagte sie freudig.
»Und wo befinden sich die Gegenstände?« fragte die Mutter.
»Sie gesteht noch nicht ein, wohin sie sie gebracht hat, die Nichtsnutzige!« erwiderte die Njanja geschäftig. »Sie zögert noch . . . sagt, sie hätte vergessen. Aber warten Sie

nur, sie wird noch ein, zwei Stündchen eingesperrt bleiben – dann wird sie sich auch erinnern können!«
Tatsächlich legte Fekluscha vor Abend ein vollständiges Geständnis ab und erzählte sehr umständlich, daß sie alle diese Sachen gestohlen habe in der Absicht, sie später einmal zu verkaufen; da sich jedoch keine bequeme Gelegenheit dazu geboten, bewahrte sie dieselben lange unter der Filzdecke im Winkel ihrer Kammer auf; als sie aber sah, daß man nach den Dingen suchte und ernstlich nach dem Diebe fahndete, erschrak sie und dachte anfangs daran, die Sachen zurückzulegen, dann aber fürchtete sie, das zu tun, und band stattdessen alles in ihre Schürze und warf sie in den tiefen Teich hinter unserem Hause.
Alle waren so sehr an irgendeiner Lösung dieser schwierigen und unangenehmen Angelegenheit interessiert, daß sie Fekluschas Aussagen keiner strengen Kritik unterzogen. Man ärgerte sich ein wenig wegen der verlorengegangenen Gegenstände, war aber zufrieden, daß sich endlich alles aufgeklärt hatte. Man befreite die Verbrecherin aus der Haft und sprach ein gerechtes Urteil über sie. Es wurde beschlossen, sie gehörig durchzuprügeln und sodann ins Dorf zu ihrer Mutter zurückzuschicken. Ungeachtet der Tränen Fekluschas und des Protestes ihrer Mutter wurde dieses Urteil auch sofort vollzogen. Dann nahm man ein anderes Dienstmädchen zu unserer Bedienung.
Einige Wochen verstrichen. Nach und nach kehrte die Ordnung im Hause wieder ein, und der Vorfall geriet in Vergessenheit.

Eines Abends, als im Hause schon alles still war und sich die Njanja, nachdem sie uns zu Bette gebracht hatte, selbst zur Ruhe begeben wollte, ging leise die Tür auf und die Wäscherin Alexandra, Fekluschas Mutter, erschien. Sie allein bestritt immer noch hartnäckig das längst Bewiesene, konnte sich nicht beruhigen und fuhr fort zu behaupten, man habe »ihre Tochter grundlos gekränkt«. Einige Male hatte es bereits zwischen ihr und der Njanja heftige Streitigkeiten gegeben, bis die Njanja ihr endlich mit einer Handbewegung den Eintritt ins Kinderzimmer verbot, da sie zu der Ansicht kam, man werde das dumme Weib ohnehin nicht zur Vernunft bringen.

Heute aber hat Alexandra eine so seltsame und vielsagende Miene, daß die Njanja beim ersten Blick erkennt, jene ist nicht gekommen, um ihre gewöhnlichen leeren Klagen zu wiederholen, sondern es dürfte sich etwas Neues und Wichtiges ereignet haben.

»Sehen Sie einmal, Njanjuschka, was ich Ihnen zeigen will!« sagte geheimnisvoll Alexandra; sie blickte forschend im Zimmer umher, und als sie sich davon überzeugt hatte, daß niemand sie beobachtete, zog sie unter der Schürze ein Perlmutter-Federmesser hervor und überreichte es der Njanja – es war unser Lieblingsmesserchen, dasselbe, welches zu den gestohlenen und angeblich von Fekluscha in den Teich geworfenen Gegenständen gehörte.

Als die Njanja das Messer erblickte, schlug sie die Hände über dem Kopf zusammen.

»Wo haben Sie denn das gefunden?« fragte sie neugierig.

»Das ist ja eben die Sache – wo ich es fand –«, erwiderte Alexandra gedehnt.

Sie schwieg einige Sekunden und weidete sich an der Verlegenheit der Njanja.

»Unser Gärtner, Philipp Matwiewitsch, gab mir seine Hosen zum Flicken, und in einer der Taschen fand sich das Messerchen –«, brachte sie endlich bedeutungsvoll hervor.

Dieser Philipp Matwiewitsch war ein Deutscher und nahm eine der ersten Stellen unter dem Gesinde ein. Er erhielt ein recht hohes Gehalt, war Junggeselle und galt, obschon er jedem gleichgültigen Auge nur als ein dicker, nicht mehr junger, recht widerlicher Deutscher mit typischem roten, viereckigem Backenbart vorkommen mußte, unter unseren weiblichen Dienstleuten als ein schöner Mann.

Nachdem die Njanja diesen seltsamen Bericht vernommen hatte, wußte sie im ersten Augenblick nichts zu sagen.

»Wie konnte sich das Messerchen bei Philipp Matwiewitsch finden?« fragte sie kleinmütig. »Er kommt doch, soviel ich weiß, niemals ins Kinderzimmer! Ja, ist es denn möglich, daß ein Mensch wie Philipp Matwiewitsch Sachen der Kinder stehlen wird?«

Alexandra sah die Njanja schweigend und mit einem langen, spöttischen Blick an. Dann neigte sie sich bis zu ihrem Ohr und flüsterte ihr einiges zu, wobei sich der Name Maria Wassiliewna oft wiederholte.

»Te, te, te ... so ist das also!« sagte sie, die Hände zusammenschlagend. »Ach, du Heuchlerin! Ach, du Nichtsnutzige! ... Nu, warte nur, wir werden mit dir schon ins Reine kommen!« rief sie voller Empörung.

Wie man mir später erzählte, zeigte es sich, daß Alexandra schon längst gegen Maria Wassiliewna einen Verdacht hatte. Sie hatte bemerkt, daß jene zu dem Gärtner in heimlichen Beziehungen stand.

»Nu, bedenken Sie«, sagte sie zu der Njanja, »wird ein so hübscher Bursche wie Philipp Matwiewitsch für nichts und wieder nichts ein so altes Weib lieben? Sicherlich besticht sie ihn mit Geschenken!«

Und sie hatte sich auch bald davon überzeugt, daß Maria Wassiliewna dem Gärtner Geschenke und Geld zusteckte. Wo nimmt sie das nur her? Und Alexandra ersann ein ausgeklügeltes Spioniersystem gegen die arglose Maria Wassiliewna. Dieses Messerchen war bloß das letzte Glied in einer langen Kette von Beweisen.

Die Sache wurde so interessant und unterhaltend, wie man es gar nicht hatte erwarten können. In der Njanja erwachte plötzlich jener starke Detektiv-Instinkt, der so oft in der Seele alter Frauen schlummert und sie veranlaßt, sich voll Eifer auf die Entwirrung jeder verwickelten Angelegenheit zu stürzen, auch wenn diese sie gar nichts angeht. In dem vorliegenden Falle wurde der Eifer der Njanja noch dadurch erhöht, daß sie sich Fekluscha gegenüber schuldig fühlte und vor Verlangen glühte, alles schleunigst wiedergutzumachen. Deshalb wurde zwischen ihr und Alexandra sofort ein Offensiv- und Defensiv-Bündnis gegen Maria Wassiliewna geschlossen.

Da die beiden Frauen von der Schuld Maria Wassiliewnas völlig überzeugt waren, beschlossen sie, sich ihrer Schlüssel zu bemächtigen und den Augenblick abzuwarten, wo sie das Haus verläßt, um dann ihre Koffer zu öffnen. Gedacht, getan! O weh! Ihr Verdacht zeigte sich nur zu begründet. Der Inhalt des Koffers bestätigte alle ihre Vermutungen und erwies in unzweifelhafter Weise, daß Maria Wassiliewna alle jenen kleinen Diebstähle begangen hatte, die so viel Aufregung hervorgerufen hatten.

»O diese Niederträchtige! Das beweist, daß sie das Eingemachte der armen Fekluscha gab, um ihr Sand in die Augen zu streuen und den Verdacht auf sie zu lenken! Die Gottlose! Mit dem Kind kein Erbarmen zu haben!« sagte die Njanja voll Entsetzen und Abscheu und vergaß, welche Rolle sie selbst in der ganzen Sache gespielt und wie sie in ihrer Grausamkeit die arme Fekluscha so weit gebracht hatte, daß sie gegen sich selbst, der Wahrheit zum Trotz, aussagte.

Man kann sich die Empörung aller Dienstleute und Hausbewohner vorstellen, als die reine Wahrheit aufgedeckt und allen bekannt wurde.

Im ersten Zorn hatte der Vater nicht übel Lust, die Polizei zu holen und Maria Wassiliewna verhaften zu lassen; allein da sie eine bereits bejahrte, kränkliche Frau war und so lange bei uns gewohnt hatte, wurde er bald weich und beschloß, sie bloß zu entlassen und nach Petersburg zurückzuschicken.

Man sollte glauben, daß Maria Wassiliewna mit diesem Urteil hätte zufrieden sein müssen. Sie war eine so geschickte Nähterin, daß sie gar nicht zu befürchten brauchte, in Petersburg erwerbslos zu sein. Und welche Situation hatte sie nach solchen Vorfällen in unserem

Hause zu erwarten? Die anderen Dienstleute hatten sie alle früher beneidet und konnten sie ihres Stolzes und Hochmutes wegen nie leiden. Das wußte sie und wußte auch, wie bitter sie jetzt dafür würde büßen müssen. So seltsam es scheinen mag – sie freute sich trotzdem nicht über die nachsichtsvolle Entscheidung meines Vaters. Es trat bei ihr eine Art Katzentreue zu unserem Hause, zu dem erbgesessenen Winkelchen bei uns zutage.

»Ich habe nicht mehr lange zu leben; ich fühle, daß ich bald sterben werde. Was soll ich mich vor dem Tode unter Fremden umhertreiben?« sagte sie.

»Das war gar nicht der wahre Grund!« erklärte mir freilich die Njanja, als sie sich viele Jahre später, ich war schon erwachsen, der Geschichte erinnerte. »Sie konnte einfach nicht weg, weil Philipp Matwiewitsch zurückblieb und sie wußte, daß sie ihn nie wieder sehen würde, wenn sie wegzog. Es war klar, sie hatte ihn außerordentlich lieb, wenn sie sich nach einem langen, ehrenhaften Leben in ihren alten Tagen so vergessen konnte.«

Philipp Matwiewitsch gelang es, ungeschoren aus der ganzen Affaire herauszukommen. Er mag am Ende auch wirklich die Wahrheit gesagt haben mit seiner Behauptung, er hätte die Herkunft der Geschenke Maria Wassiliewnas nicht gekannt. Da es schwer war, einen tüchtigen Gärtner zu finden, und man den Garten und Hof nicht ihrem Schicksal überlassen wollte, wurde beschlossen, ihn zum mindesten noch eine Zeitlang zu behalten.

Ich weiß nicht, ob die Njanja recht hatte, daß die Liebe zu Philipp Matwiewitsch die Maria Wassiliewna bestimmte, sich so hartnäckig an ihre Stellung zu klammern; wie dem auch sei, an dem für ihre Abreise festgesetzten Tag kam sie zum Vater und warf sich ihm zu Füßen.

»Zahlen Sie mir keinen Lohn, bestrafen Sie mich wie eine Leibeigene, jagen Sie mich nur nicht fort!« flehte sie schluchzend.

Den Vater rührte eine solche Anhänglichkeit an unser Haus, andererseits befürchtete er, es könnte auf die anderen Dienstleute demoralisierend wirken, wenn er Maria Wassiliewna verzeihen würde. Er war in großer Verlegenheit, wußte nicht, wie hier vorzugehen. Plötzlich fiel ihm aber folgende Lösung ein.

»Hören Sie einmal!« sagte er zu ihr. »Obgleich Stehlen eine große Sünde ist, könnte ich Ihnen doch verzeihen, wenn Ihre Schuld bloß darin bestünde, daß Sie gestohlen haben. Allein Ihretwegen hat ja das Mädchen unschuldig gelitten. Bedenken Sie, welche Schmach Fekluscha durch Ihre Schuld ausstehen mußte ... öffentlich bestraft zu werden! Um jener willen kann ich Ihnen nicht verzeihen. Wenn Sie durchaus bei uns bleiben wollen, kann ich's nur unter der Bedingung bewilligen, daß Sie Fekluscha in Gegenwart aller Dienstleute um Verzeihung bitten und ihr die Hand küssen. Wollen Sie darauf eingehen, dann bleiben Sie in Gottes Namen hier!«

Alle erwarteten, Maria Wassiliewna werde auf eine solche Bedingung niemals eingehen. Wie sollte sie, die Stolze, auch sich öffentlich vor einem leibeigenen Mädchen entschuldigen und ihm die Hand küssen! Zum allgemeinen Erstaunen erklärte sich Maria Wassiliewna jedoch damit einverstanden.

Schon eine Stunde nach dieser Entscheidung versammelte sich das ganze Gesinde im Hausflur, um dem denkwürdigen Schauspiele beizuwohnen: wie Maria Wassiliewna der Fekluscha die Hand küssen wird. Mein Vater hatte darauf bestanden, daß dies feierlich und öffentlich vor sich gehe. Es versammelten sich viele Leute; jeder wollte zusehen. Auch die Herrschaften waren anwesend, sogar wir Kinder erbaten die Erlaubnis, dabei sein zu dürfen.

Niemals werde ich die Szene vergessen, die sich nun abspielte. Fekluscha, von der Ehre, die ihr das Schicksal so unerwartet zuteil werden ließ, verwirrt und voller Angst, daß sich Maria Wassiliewna später an ihr für die auferlegte Erniedrigung rächen werde, ging zum Herrn und bat, er möge sie und Maria Wassiliewna vom Handkuß entbinden.

»Ich verzeihe ihr auch!« sagte sie, fast weinend.

Aber der Vater hatte sich so in eine den Umständen entsprechende Stimmung hineingesteigert und war davon überzeugt, daß er in Übereinstimmung mit den Forderungen der strengen Gerechtigkeit handelte, daß er das Mädchen anschrie:

»Marsch fort, Närrin, und menge dich nicht in Sachen, die dich nichts angehen! Nicht um deinetwillen geschieht es. Wenn ich mich bei dir zu entschuldigen hätte – verstehst du, ich selbst, dein Herr –, so müßte auch ich dir die Hand küssen! Begreifst du das nicht? Na also, schweig und red nicht!«

Die erschrockene Fekluscha wagte kein Wort der Erwiderung und ging vor Furcht zitternd an ihren Platz, wo sie wie eine Verbrecherin ihr Schicksal erwartete.

Maria Wassiliewna, bleich wie Leinwand, schritt durch die vor ihr zurücktretende Menge. Sie ging mechanisch, wie im Traum, aber ihr Gesicht sah entschlossen und böse aus, daß es einen schauerte. Ihre Lippen waren krampfhaft geschlossen und blutleer. Sie trat ganz nahe an Fekluscha heran. »Verzeih mir!« kam es wie mit einem krankhaften Schrei aus Maria Wassiliewnas Munde; sie ergriff Fekluschas Hand und führte sie so rasch und mit so haßerfülltem Ausdruck an die Lippen, als hätte sie sich vorgenommen, dieselbe zu beißen. Plötzlich lief ein krampfhaftes Zucken über ihr Gesicht, und Schaum trat ihr vor den Mund. Sie fiel nieder, ihr ganzer Körper zuckte konvulsivisch, sie stieß durchdringende, unnatürliche Rufe aus.

Es stellte sich heraus, daß sie auch vorher an nervösen Anfällen, einer Art Epilepsie, litt, die sie jedoch sorgsam vor den Herrschaften verheimlicht hatte aus Furcht, man werde sie nicht im Dienst behalten, wenn man davon erführe. Diejenigen von den Dienstleuten, die davon wußten, verrieten nichts – aus kameradschaftlichen Gefühlen.

Ich kann den Eindruck nicht schildern, den diese Szene hervorrief! Uns Kinder brachte man natürlich rasch fort, und ich war so erschrocken, daß ich beinahe selbst einen hysterischen Anfall bekam.

Am lebhaftesten blieb mir die Erinnerung an den plötzlichen Stimmungsumschwung unter unserem Gesinde. Bisher hatten sie alle Maria Wassiliewna Bosheit und Haß entgegengebracht. Ihre Handlungsweise erschien so niedrig und gemein, daß es einem jeden ein gewisses Vergnügen bereitete, ihr Verachtung zu zeigen und sie auf alle mögliche Weise zu kränken. All dies änderte sich nun mit einem Male. Maria Wassiliewna spielte die Rolle eines leidenden Opfers, und das allgemeine Mitgefühl schlug sich auf ihre Seite. Unter dem Gesinde regte sich sogar im Geheimen ein Protest gegen meinen Vater – wegen der übertriebenen Härte seines Urteils.

»Natürlich war sie schuldig!« sagten halblaut die Stubenmädchen, die sich bei uns im Kinderzimmer zur Beratung mit der Njanja versammelten, wie das nach jedem wichtigen Ereignis im Hause der Fall war. »Nun, es wäre recht gewesen, wenn sie der General selbst ausgescholten und die Gnädige sie eigenhändig gestraft hätte, wie es in anderen Häusern geschieht ... Das wäre nicht so verletzend gewesen, man könnte es ertragen. Aber hier – was sie sich ausgedacht haben! So einem Maulwurf, einer solchen Rotznase wie dieser Fekluscha in Gegenwart aller die Hände küssen! Wer kann solche Kränkung aushalten?«

Maria Wassiliewna konnte sich lange nicht erholen. Die Anfälle wiederholten sich innerhalb weniger Stunden. Kam sie zu sich und wurde es ihr besser, so fing sie plötzlich wieder an sich herumzuwerfen und zu schreien. Man mußte rasch den Arzt aus der Stadt holen.

Immer größer wurde das Mitleid für die Kranke, und der Unwille gegen die Herrschaft wuchs. Ich erinnere mich, daß meine Mutter während des Tages in die Kinderstube kam, und als sie sah, daß die Njanja geschäftig umherging und zu dieser ungewohnten Stunde Tee bereitete, sie ganz harmlos fragte: »Für wen ist der Tee, Njanja?«

»Selbstverständlich für Maria Wassiliewna! Ihrer Meinung nach sollte man der Kranken wohl nicht einmal Tee reichen? Wir Dienstleute besitzen auch eine Christenseele!« erwiderte die Njanja so grob und zornig, daß Mama ganz verwirrt wurde und rasch hinausging.

Und dieselbe Njanja wäre einige Stunden vorher imstande gewesen, Maria Wassiliewna halb tot zu schlagen, wenn man es gestattet hätte.

Nach einigen Tagen erholte sich Maria Wassiliewna zur Freude meiner Eltern und lebte wie früher still und zurückgezogen in unserem Hause. Das Vorgefallene berührte man nicht mehr; ich glaube, daß selbst von dem Gesinde keiner sich an das Vergangene erinnerte.

Ich empfand seither ein seltsames Mitgefühl mit Maria Wassiliewna, dem auch etwas von instinktiver Furcht beigemischt war. Ich lief nicht mehr wie ehedem in ihr Zimmer. Begegnete ich ihr auf dem Korridor, so drückte ich mich unwillkürlich an die Wand und vermied es, sie anzusehen: immer dachte ich, jetzt fällt sie gleich hin und beginnt wieder sich herumzuwerfen und zu schreien. Sie bemerkte wahrscheinlich meine Entfremdung und suchte in verschiedener Weise sich meine frühere Sympathie wieder zu erringen.

Fast täglich ersann sie für mich eine neue Überraschung: bald brachte sie mir bunte Läppchen, bald nähte sie meiner Puppe neue Kleider. Aber all das fruchtete nichts: das Gefühl einer geheimen Furcht vor ihr verging nicht, und ich lief davon, sowie man mich allein mit ihr ließ.

Übrigens kam ich bald unter die Obhut meiner Gouvernante, die allen meinen Vertraulichkeiten mit dem Gesinde ein Ende setzte.

Allein ich erinnere mich noch lebhaft folgender Szene: eines Abends – ich war damals schon sieben oder acht Jahre alt – am Vorabend irgendeines Feiertages, ich glaube: Mariae Verkündigung, lief ich im Korridor an Maria Wassiliewnas Zimmer vorbei. Sie sah zufällig durch die Tür heraus und rief mir zu:

»Fräulein, aber Fräulein? Kommen Sie doch zu mir herein, sehen Sie doch die junge Lerche, die ich für Sie aus Teig gebacken habe!«

Im langen Korridor war es bereits dunkel, und außer mir und Maria Wassiliewna war niemand da. Als ich ihr bleiches Gesicht mit den großen schwarzen Augen erblickte, wurde mir plötzlich so unheimlich zumute, daß ich statt aller Antwort Hals über Kopf davonlief.

»Was, Fräulein, Sie haben mich wohl gar nicht mehr lieb, bin ich Ihnen denn zuwider?« rief sie mir nach.

Es waren nicht so sehr die Worte, als vielmehr der Ton, in dem sie dieselben aussprach, der mich bestürzte; allein ich blieb nicht stehen und lief weiter. Als ich ins Unterrichtszimmer zurückkam und mich von meiner Angst erholt hatte, konnte ich noch immer nicht ihre tonlose und traurige Stimme vergessen. Den ganzen Abend über fühlte ich mich unbehaglich. Wie sehr ich mich auch bemühte, durch mutwilliges Umhertollen das unangenehme, nagende Gefühl zu betäuben, das sich in meinem Herzen regte – es ließ sich nicht beschwichtigen. Maria Wassiliewna ging mir nicht aus dem Kopf, und wie es immer der Fall ist, wenn man jemandem Unrecht getan hat, erschien sie mir mit einem Male außerordentlich liebenswert, und es zog mich unwiderstehlich zu ihr hin.

Ich konnte mich nicht dazu entschließen, der Erzieherin den Vorfall zu erzählen. Kinder werden stets verlegen, wenn sie von ihren Gefühlen sprechen sollen. Ich wußte, daß die Gouvernante mich vielleicht wegen meiner Reue loben würde, obgleich uns jeder Umgang mit dem Gesinde untersagt war. Ich fühlte aber instinktiv, daß kein Grund vorlag, mich zu loben.

Nach dem Abendtee, als es Zeit für mich war, ins Bett zu gehen, beschloß ich, statt mich unmittelbar ins Schlafzimmer zu begeben, Maria Wassiliewna aufzusuchen. Das war in gewissem Sinne ein Opfer von mir, da ich deswegen durch den langen, öden, jetzt bereits völlig dunklen Korridor gehen mußte, den ich stets fürchtete und abends mied. Jetzt aber stellte sich bei mir eine verzweifelte Tapferkeit ein. Ich lief mit verhaltenem Atem und stürzte wie ein Sturm in ihr Zimmer.

Maria Wassiliewna hatte bereits zu Abend gegessen; wegen des Festes am nächsten Tage arbeitete sie nicht; sie saß an dem mit einem weißen Tuch bedeckten Tisch und las in einem Andachtsbuch. Vor den Heiligenbildern brannten die Lämpchen; nach der schrecklichen Dunkelheit des Korridors erschien mir ihr Zimmer ungewöhnlich hell und gemütlich und sie selbst so sanft und schön.

»Ich bin zu Ihnen gekommen, um mich zu entschuldigen, liebe Maria Wassiliewna!« sagte ich rasch.

Ich hatte noch nicht zu Ende gesprochen, da ergriff sie mich und begann mein Gesicht mit Küssen zu bedecken. Sie küßte mich so leidenschaftlich und lange, daß sie mir neuerdings unheimlich schien, und ich begann bereits darüber nachzusinnen, wie ich mich aus ihrer Umarmung befreien könnte, ohne sie wieder zu verletzen, als ein Anfall des grausamen Hustens sie zwang, mich loszulassen.

Dieser heftige Husten verfolgte sie immer stärker. »Heute habe ich die ganze Nacht wie ein Hund gebellt!« pflegte sie von sich selbst mit einer gewissen trüben Ironie zu sagen. Täglich wurde sie bleicher und verschlossener, lehnte jedoch das Anerbieten meiner Mutter, ärztlichen Rat einzuholen, hartnäckig ab; es kam bei ihr sogar eine gewisse Gereiztheit zum Vorschein, sobald jemand von ihrem Befinden sprach.

So schleppte sie sich zwei oder drei Jahre hin und hielt sich noch bis zu ihrem Ende auf den Beinen; bloß zwei, drei Tage vor dem Tode legte sie sich nieder, ihre Agonie, sagt man, war sehr qualvoll.

Auf Geheiß meines Vaters ließ man ihr ein nach ländlichen Begriffen sehr schönes Leichenbegängnis richten. Nicht allein das gesamte Dienstpersonal, sondern auch unsere ganze Familie, ja der Herr selbst, nahmen daran teil. Fekluscha ging auch hinter dem Sarg her und schluchzte jämmerlich.

Bloß Philipp Matwiewitsch fehlte bei ihrem Begräbnis. Er hatte schon einige Monate vorher einen anderen, einträglicheren Posten, in der Nähe von Dünaburg, angenommen.

III

Mit der Übersiedelung aufs Land veränderte sich bei uns im Hause alles, und das Leben meiner Eltern, bisher heiter und sorglos, nahm mit einem Mal einen ernsteren Charakter an.

Bisher hatte der Vater uns wenig Aufmerksamkeit geschenkt, da er die Kindererziehung für Sache der Frauen und nicht der Männer hielt. Mit Anjuta beschäftigte er sich noch am meisten, weil sie die Älteste und sehr drollig war. Er liebte es, sie mitunter zu hätscheln, nahm sie im Winter manchmal zu Schlittenfahrten mit und brüstete sich mit ihr gern vor den Gästen. Wenn ihr Tollen schon jedes Maß überschritt und die anderen Hausgenossen die Geduld verloren und sich bei ihm über sie beklagten, pflegte er die Sache gewöhnlich mit einem Scherz abzutun; sie selbst wußte sehr wohl, daß er im Stillen über ihre Streiche lachte, auch wenn er manchmal ein strenges Gesicht machte. Die Beziehung des Vaters zu uns jüngeren Kindern beschränkte sich darauf, daß er, wenn er uns traf, die Njanja befragte, ob wir gesund seien, daß er uns zärtlich in die Wangen kniff, um sich zu überzeugen, ob sie auch dick genug seien, und daß er uns manchmal in der Luft herumschwenkte.

An Festtagen, wenn der Vater zu einem offiziellen Empfang ging und die große Uniform mit Orden und Sternen anlegte, rief man uns in den Salon, daß wir uns an Papachen in Gala ergötzten, und dieses Schauspiel bereitete uns ein ungewöhnliches Vergnügen; wir sprangen um ihn herum und klatschten beim Anblick seiner glänzenden Epauletten und Ordenssterne begeistert in die Hände.

Nach der Ankunft auf dem Lande veränderte sich plötzlich dieses unbefangene Verhältnis. Wie es nicht selten in russischen Familien vorkommt, machte der Vater plötzlich die Entdeckung, daß seine Kinder bei weitem nicht so musterhafte und wohlerzogene Geschöpfe seien, wie er vermutet hatte.

Das fing, glaube ich, damit an, daß ich mit meiner Schwester einmal von Zuhause fortschlich, wir uns verirrten und einen ganzen Tag verschwunden waren; als man uns endlich am Abend fand, hatten wir uns bereits derartig an Wolfsbeeren überessen, daß wir einige Tage krank darnieder lagen. Dieser Vorfall bewies, daß wir sehr schlecht beaufsichtigt waren.

Den ersten Entdeckungen folgten andere, eine peinlicher als die andere.

Wir alle hatten bisher fest geglaubt, meine Schwester sei ein beinahe phänomenales Kind – klug und über ihre Jahre hinaus reif. Jetzt aber zeigte es sich plötzlich, daß sie nicht nur äußerst verzogen, sondern auch für ein zwölfjähriges Mädchen höchst unwissend sei und nicht einmal die russische Orthographie beherrschte.

Was noch schlimmer war – man ertappte die Französin bei etwas so Abscheulichem, daß man vor uns Kindern nicht einmal davon sprechen durfte.

In jenen Tagen, die unserem verbotenen Waldausflug

folgten, Tagen, deren ich mich voller Trauer erinnere, ereignete sich so etwas wie eine häusliche Katastrophe. Im Kinderzimmer den ganzen Tag Lärm, Schreien und Tränen: alle streiten miteinander, und jeder – Schuldige und Unschuldige – bekommt sein Teil. Papachen ist zornig, Mama weint, die Njanja murrt, die Französin ringt die Hände und packt ihre Siebensachen. Meine Schwester und ich sind still und wagen nicht, uns zu rühren, da jeder jetzt seinen Ärger an uns ausläßt und das geringste Vergehen als schwere Schuld angerechnet wird. Nichtsdestoweniger beobachten wir mit Neugierde, ja sogar nicht ohne eine gewisse kindliche Schadenfreude die Streitigkeiten zwischen den Älteren und warten – »wie das alles enden wird«!

Der Vater, der halbe Maßregeln nicht liebte, entschied sich für eine gründliche Umgestaltung unseres Erziehungssystems. Die Französin jagte man fort, die Njanjuschka entfernte man aus der Kinderstube und übertrug ihr die Aufsicht über die Wäsche; ins Haus kamen zwei neue Personen: ein polnischer Hofmeister und eine englische Gouvernante.

Der Hofmeister erwies sich als ein ruhiger und gebildeter Mann, unterrichtete vorzüglich, hatte aber auf meine Erziehung wenig Einfluß. Dagegen kam mit der Gouvernante ein ganz neues Element in unsere Familie.

Obgleich sie in Rußland erzogen war und gut Russisch sprach, hatte sie alle Eigenheiten des englischen Volkes bewahrt: die Pedanterie, die Ausdauer und die Zähigkeit, jede Angelegenheit zu Ende zu führen. Diese Eigenschaften machten sie allen anderen Hausgenossen überlegen, die gerade entgegengesetzt veranlagt waren, und dadurch erklärt sich jener Einfluß, den sie in unserem Hause gewann.

Als sie zu uns kam, wandte sie gleich alle ihre Mühe darauf, aus unserer Kinderstube eine Art englischer *nursery* zu machen, in der sie uns zu vorbildlichen englischen Ladies erziehen könnte. Und Gott weiß, wie schwer es war, ein Treibhaus für englische Ladies in einem russischen Gutsbesitzerhaus zu errichten, wo seit Jahrhunderten, von Generation zu Generation, sich Despotismus, Unordnung und Nachlässigkeit eingenistet hatten. Dank ihrer bemerkenswerten Beharrlichkeit setzte sie jedoch ihren Willen bis zu einem gewissen Grade durch.

Meine Schwester, die bisher volle Freiheit gewohnt war, konnte sie allerdings nie zähmen. Ein, zwei Jahre verstrichen unter fortwährenden Kämpfen und Auseinandersetzungen, und als Anjuta endlich fünfzehn Jahre alt wurde, gehorchte sie der Engländerin gar nicht mehr. Ihre tatsächliche Befreiung aus der Vormundschaft der Gouvernante wurde dadurch bekundet, daß ihr Bett aus der Kinderstube in ein Gemach neben Mamas Schlafzimmer gebracht wurde. Seitdem betrachtete man Anjuta als eine junge Dame, und die Gouvernante benutzte jede geeignete Gelegenheit, um zu manifestieren, daß sie sich jetzt um Anjutas Aufführung nicht mehr zu kümmern habe und daß sie ihre Hände in Unschuld wasche.

Dafür konzentrierte sie mit noch größerem Eifer alle ihre Fürsorge auf mich, isolierte mich von allen Hausgenossen und von dem Einfluß meiner älteren Schwester wie vor einer Pest.

Die Geräumigkeit unseres Hauses, in dem drei, vier Familien bequem hätten wohnen können, begünstigten dieses Streben nach Absonderung.
Fast die ganze untere Etage, einige Räume für die Dienstboten und für zufällige Gäste ausgenommen, wurde der Gouvernante und mir überlassen. Die obere Etage mit den Empfangsräumen gehörte der Mutter und Anjuta. Fedja trieb sich mit dem Hofmeister im Seitenflügel herum, und das Herrenzimmer befand sich im Erdgeschoß des dreistöckigen Turmes, lag also ganz abseits.
So hatten die verschiedenen Elemente, aus denen unsere Familie bestand, ihr eigenes Gebiet, konnten, ohne einander zu stören, ihren eigenen Weg gehen und trafen bloß zu den Mahlzeiten oder beim Tee zusammen.

IV

Das Leben auf dem Lande

Die Wanduhr im Unterrichtsraum schlug sieben. Diese sieben Schläge dringen im Schlaf bis zu meinem Bewußtsein und geben mir die traurige Gewißheit, daß das Dienstmädchen Dunjascha bald eintreten und mich wekken wird; aber es schläft sich so süß, daß ich mich zu überreden bemühe, diese widerlichen sieben Schläge seien bloß eine Sinnestäuschung gewesen. Indem ich mich auf die andere Seite drehe und mich fester in die Decke hülle, beeile ich mich, die kurz währende Glückseligkeit, welche die letzten Minuten des Schlafes bieten, auszunutzen, denn ich weiß, dem wird sehr bald ein Ende gesetzt sein.

Und wirklich; schon knarrt die Tür, und ich höre Dunjaschas schwere Schritte, die mit einer Ladung Holz ins Zimmer tritt. Dann vernehme ich das bekannte, an jedem Morgen sich wiederholende Geräusch: das zu Boden fallende Holz, das Streichen der Zündhölzchen, das Knistern des Leuchtspans, das Prasseln und Bullern des Feuers. Das alles höre ich im Schlaf, und es bemächtigt sich meiner das Gefühl einer angenehmen Verweichlichung und der Wunsch, mich nicht vom warmen Bett zu trennen.

Noch einen kleinen Augenblick, bloß ein kleines Weilchen noch schlafen! Aber im Ofen wird das Knistern der Flammen immer stärker und regelmäßiger und geht schließlich in ein gleichmäßiges Summen über.

»Fräulein, es ist Zeit, aufzustehen!« erschallt es hart an meinem Ohr, und erbarmungslos zieht Dunjascha die Decke von mir herab.

Draußen beginnt es zu tagen, und die ersten bleichen Strahlen eines kalten Wintermorgens vermengen sich mit dem matten Schein der Stearinkerze und verleihen allem ein gewisses totes, unnatürliches Aussehen. Gibt es etwas Unangenehmeres, als bei Kerzenlicht aufstehen zu müssen?

Ich setze mich im Bett auf und beginne mich langsam, mechanisch anzukleiden, mache aber die Augen unwillkürlich wieder zu, und mit dem Strumpf in der erhobenen Hand bleibe ich sitzen.

Hinter der spanischen Wand, wo das Bett der Gouvernante steht, hört man schon mit Wasser pritscheln, pusten und energisches Frottieren.

»Don't dowdle, Sonja! If you are not ready in a quarter of an hour, you will bear the ticket ›lazy‹ on your back during luncheon!« vernehme ich die grimmige Stimme der Gouvernante.

Mit diesen Drohungen darf man nicht scherzen. Körperliche Strafen waren bei unserer Erziehung ausgeschlossen, aber die Gouvernante hatte andere Maßregeln als Ersatz ausgedacht. Hatte ich irgend etwas begangen, so befestigte sie auf meinem Rücken einen Zettel, auf dem mit großen Buchstaben mein Vergehen bekanntgemacht wurde, und mit diesem Schmuck mußte ich bei Tische erscheinen.

Ich fürchtete diese Strafe wie den Tod, deshalb vermochte die Drohung der Gouvernante augenblicklich meine Schläfrigkeit zu verscheuchen. Ich springe rasch vom Bett. Beim Waschbecken erwartet mich schon das Dienstmädchen mit erhobenem Krug in der einen und mit einem großen Frottiertuch in der anderen Hand. Nach englischer Sitte begießt man mich jeden Morgen mit kaltem Wasser. Eine Sekunde lang versagt mir der Atem von der scharfen Kälte, hierauf rinnt es wie siedendes Wasser durch die Adern, und dann bleibt am ganzen Körper ein merkwürdig angenehmes Gefühl ungewöhnlicher Frische und Elastizität zurück.

Inzwischen ist es heller Tag geworden. Wir begeben uns ins Speisezimmer. Auf dem Tisch dampft der Samowar, das Holz im Ofen knistert, und die hellen Flammen spiegeln und brechen sich in den großen, gefrorenen Fensterscheiben. Ich bin gar nicht mehr schläfrig, im Gegenteil, mir ist jetzt so wohl, ohne Grund so froh ums Herz, ich möchte so gerne lärmen, lachen, herumtollen! Ach, wenn ich eine Freundin hätte, ein Kind meines Alters, mit dem ich Dummheiten treiben könnte – aber eine solche Freundin habe ich nicht; ich trinke den Tee allein mit der Gouvernante, denn die anderen Familienangehörigen, Bruder und Schwester nicht ausgenommen, stehen später auf. Mein Wunsch, mich über etwas zu freuen, zu lachen, ist so mächtig, daß ich sogar einen schwachen Versuch mache, mit der Gouvernante zu scherzen. Aber zum Unglück ist sie heute mißgelaunt, was bei ihr am Morgen oft vorkommt, weil sie leberkrank ist; deshalb hält sie es für ihre Pflicht, das Aufsprudeln meiner Fröhlichkeit zu dämpfen, indem sie mir bedeutet, daß jetzt die Zeit zum Lernen und nicht zum Lachen sei.

Der Tag beginnt bei mir immer mit einer Musiklektion. Im großen Salon in der oberen Etage, wo der Flügel steht, herrscht eine ziemlich kühle Temperatur, so daß meine Finger erstarren und anschwellen und die Nägel blaue Flecken bekommen. Anderthalb Stunden Tonleitern und Übungen, begleitet von den gleichmäßigen Schlägen des kleinen Stockes, mit dem die Gouvernante den Takt angibt, kühlen jenes Gefühl der Lebensfreude genügend ab, mit dem ich meinen Tag begonnen habe.
Dem Musikunterricht folgen andere Lektionen. Solange die Schwester auch noch lernte, fand ich an den Stunden ein großes Vergnügen; übrigens war ich damals zu klein, als daß man den Unterricht mit mir ernst genommen hätte, aber ich erbat mir die Erlaubnis, den Lektionen der Schwester beizuwohnen. Ich hörte mit großer Aufmerksamkeit zu. Anjuta, das große vierzehnjährige Mädchen, wußte oft die Aufgaben nicht, während ich, die siebenjährige Puppe, mich daran erinnerte und ihr triumphierend »einsagte«. Das amüsierte mich ungeheuer. Jetzt aber, da die Schwester zu lernen aufhörte und die Rechte der Erwachsenen besaß, verloren die Lektionen für mich die Hälfte ihres Reizes. Ich lernte ziemlich fleißig, aber wie würde ich erst gelernt haben, wenn ich neben einer Freundin gesessen hätte!
Um zwölf Uhr wird zu Mittag gegessen. Kaum hatte die Gouvernante den letzten Bissen heruntergeschluckt, wendet sie sich zum Fenster, um nach dem Wetter zu sehen. Ich folgte ihr mit bebendem Herzen, denn diese Frage ist für mich von großer Wichtigkeit. Wenn das Termometer weniger als zehn Grad Kälte anzeigt und kein

starker Wind geht, steht mir ein sehr langweiliger, anderthalbstündiger Spaziergang mit der Gouvernante in der vom Schnee gesäuberten Allee bevor. Wenn es aber zu meinem Glück sehr kalt oder windig ist, unternimmt die Gouvernante den nach ihren Begriffen unbedingt notwendigen Spaziergang allein, mich aber schickt sie hinauf in den Salon, um Ball zu spielen und so Bewegung zu bekommen.

Das Ballspielen habe ich nicht besonders gern; ich bin schon zwölf Jahre alt, halte mich für erwachsen, und ich empfand es als Zumutung, daß mich eine so kindische Unterhaltung wie das Ballspiel erfreuen könnte; dennoch gehorche ich dem Befehl mit großem Vergnügen, weil mir anderthalb Stunden Freiheit winken.

Die obere Etage gehört zwar ausschließlich der Mutter und Anjuta; jetzt aber weilen beide in ihren Zimmern, im großen Salon ist niemand. Ich laufe, vor mir den Ball herjagend, einige Male im Saal herum, aber meine Gedanken sind mit etwas ganz anderem beschäftigt.

Wie die meisten einsam heranwachsenden Kinder hatte ich mir bereits eine reiche Welt von Phantasien und Träumereien entworfen, deren Vorhandensein die Erwachsenen nicht einmal ahnten. Ich liebte leidenschaftlich die Poesie; schon die Form an sich, das Versmaß, bereitete mir großen Genuß; ich verschlang gierig die wenigen Verse russischer Dichter, die mir unterkamen, und ich muß bekennen – je hochtrabender das Gedicht, desto mehr entsprach es meinem Geschmack. Die Balladen von Shukowski waren lange die einzigen, mir bekannten Muster russischer Dichtkunst.

In unserm Hause hat sich keiner besonders für Poesie interessiert; wir besaßen wohl eine ziemlich große Bibliothek, doch enthielt sie vorzugsweise Bücher ausländischer Autoren; es gab da weder Puschkin noch Lermontow, noch Nekrassow. Ich konnte den Tag kaum erwarten, als man mir zum ersten Male das Lesebuch von Filinow gab, das auf Veranlassung unseres Lehrers gekauft wurde. Die Lektüre wurde eine Offenbarung für mich. Einige Tage ging ich wie eine Verrückte umher und rezitierte mit flüsternder Stimme Strophen aus Lermontows »Mziri« oder aus Puschkins »Der Gefangene im Kaukasus«, bis die Gouvernante drohte, mir das heißgeliebte Buch wegzunehmen.

Der Rhythmus von Gedichten übte eine solch zauberhafte Wirkung auf mich aus, daß ich schon vom fünften Lebensjahr an selbst Verse zu machen anfing. Aber meine Gouvernante billigte solche Beschäftigung nicht; sie hatte ihre eigene, ganz bestimmte Vorstellung von einem gesunden, normalen Kind, das sich später zu einer vorbildlichen Lady entwickeln sollte; das Dichten stand mit einer solchen Vorstellung gar nicht im Einklang. Deshalb verfolgte sie grausam alle meine dichterischen Versuche.

Wenn ihr zu meinem Unglück ein Stück Papier in die Augen fiel, das mit meinen Versen beschrieben war, heftete sie mir dasselbe auf den Rücken und deklamierte dann in Gegenwart meines Bruders oder der Schwester mein unglückliches Erzeugnis, indem sie es selbstverständlich unbarmherzig verdrehte und verstümmelte.

Allein diese Verfolgung meiner Verse half nichts. Mit zwölf Jahren war ich fest davon überzeugt, daß ich zur

Dichterin geboren sei. Aus Angst vor der Gouvernante schrieb ich meine Verse nicht nieder, sondern dichtete sie im Geiste, wie die alten Barden es taten, und vertraute sie bloß meinem Ball an. Beim Spielen im Salon deklamierte ich laut zwei meiner poetischen Erzeugnisse, auf die ich besonders stolz war: »Der Beduine an sein Pferd« und »Die Empfindungen des Tauchers beim Perlensuchen«. Ich entwarf im Kopfe noch ein langes Poem, etwas zwischen »Undine« und »Mziri«, aber davon waren bloß die ersten zehn Strophen fertig, und ich wollte deren hundertzwanzig schreiben.

Aber die Muse ist, wie man weiß, kapriziös, und nicht immer stellte sich die poetische Eingebung beim Ballspiel ein. Wenn die Muse auf den Ruf nicht gleich erscheint, wird meine Situation bedenklich, weil mich die Versuchungen von allen Seiten umgeben.

Neben dem Salon befindet sich die Bibliothek, und dort liegen auf allen Tischen und Sofas verführerische Bände ausländischer Romane oder russische Zeitschriften herum. Es ist mir auf das Strengste verboten, in ihnen auch nur zu blättern; meine Gouvernante ist hinsichtlich meiner Lektüre sehr wählerisch. Ich habe nicht viele Kinderbücher und weiß die wenigen längst auswendig. Die Gouvernante erlaubt mir nie, ein beliebiges Buch zu lesen, auch wenn es für Kinder bestimmt ist, ohne es vorher selbst zu lesen, und da sie ziemlich langsam liest – sie hat nie Zeit –, befinde ich mich im Hinblick auf Bücher sozusagen in einem chronischen Hungerzustand; und hier plötzlich ein solcher Reichtum in greifbarer Nähe! Wie soll man da nicht verführt werden!

Einige Minuten kämpfe ich mit mir selbst. Ich nähere mich einem Buch und sehe es anfangs bloß an, blättere darin ein wenig, lese einige Sätze, dann laufe ich wieder mit dem Ball herum, als ob nichts geschehen wäre. Aber nach und nach zieht mich die Lektüre in ihren Bann.

Da die ersten Versuche so glücklich ablaufen, vergesse ich die Gefahren und verschlinge gierig eine Seite nach der anderen. Ich brauche nicht gerade auf den ersten Band eines Romans zu stoßen; ich lese mit demselben Interesse den zweiten oder dritten und kombiniere mir dann den Anfang. Von Zeit zu Zeit mache ich vorsichtigerweise einige Schläge mit dem Ball, damit die Gouvernante, wenn sie zurückkehrt, um nach mir zu sehen, hört, daß ich spiele, wie mir befohlen wurde.

Gewöhnlich gelingt meine List. Ich vernehme rechtzeitig die Schritte der Gouvernante auf der Treppe und beeile mich, ehe sie eintritt, das Buch wegzulegen, so daß sie überzeugt bleibt, ich habe mich die ganze Zeit mit dem Ball unterhalten, wie es sich für ein braves, wohlerzogenes Kind geziemt. Zwei- oder dreimal ließ ich mich allerdings von der Lektüre so hinreißen, daß ich nichts bemerkte und die Gouvernante wie aus der Erde gewachsen vor mir stand und mich auf frischer Tat ertappte.

Bei ähnlichen Anlässen, wie überhaupt nach jedem schwereren Vergehen, nahm die Gouvernante zu dem äußersten Mittel Zuflucht, das ihr zur Verfügung stand. Sie schickte mich mit dem Befehl zum Vater, ihm selbst zu erzählen, was ich begangen habe. Dies fürchtete ich mehr als andere Strafen.

Im Grunde war unser Vater mit uns gar nicht streng; ich sah ihn selten, bloß bei den Mahlzeiten. Er war mit uns nie zärtlich, es sei denn, eines der Kinder war krank. Da veränderte er sich gänzlich. Die Angst, eines von uns zu verlieren, machte aus ihm einen ganz anderen Menschen. In der Stimme, in der Art, mit uns zu sprechen, zeigten sich ungewöhnliche Zärtlichkeit und Weichheit. Keiner verstand es, uns so zu verwöhnen, wie er. In solchen Augenblicken vergötterten wir ihn geradezu, und wir bewahrten noch lange die Erinnerung an jene Momente. Sonst aber, wenn wir alle gesund waren, hielt er sich an den Grundsatz »Der Mann soll immer streng sein«, und deshalb geizte er außerordentlich mit Zärtlichkeiten.

Er liebte die Einsamkeit und hatte seine eigene Welt, zu der keiner von den Hausgenossen Zutritt hatte. Des Morgens ging er – allein oder in Begleitung des Verwalters – in der Gutswirtschaft nach dem Rechten zu sehen. Den übrigen Teil des Tages verbrachte er in seinem Arbeitszimmer. Dieses lag ganz abseits von den anderen Räumen und bildete gleichsam ein Allerheiligstes im Hause; selbst die Mutter betrat es niemals, ohne anzuklopfen. Uns Kindern kam es nicht in den Sinn, ohne Aufforderung hineinzugehen.

Deshalb war ich wahrhaft verzweifelt, wenn die Gouvernante einmal sagte: »Geh zum Vater, gesteh ihm, wie du dich aufgeführt hast!«

Ich weine, lehne mich auf, aber die Gouvernante ist unerbittlich, faßt mich an der Hand, führt oder schleppt mich vielmehr durch die lange Reihe der Gemächer zur Tür des Arbeitszimmers, überläßt mich da meinem Schicksal und geht fort.

Jetzt hilft kein Weinen mehr; im Vorzimmer des Arbeitsgemaches sehe ich auch schon die Gestalt des müßigen, neugierigen Lakaien, der mich mit beleidigendem Interesse betrachtet.

»Wie es scheint, haben Fräulein wieder etwas begangen!« höre ich hinter mir die halb mitleidige, halb spöttische Stimme von Ilja, Papas Kammerdiener.

Ich würdige ihn keiner Antwort und bemühe mich, mir ein Ansehen zu geben, als ob nichts vorgefallen sei, als käme ich aus eigenem Antrieb zum Vater. Ins Unterrichtszimmer zurückzukehren, ohne den Befehl der Gouvernante erfüllt zu haben, wage ich nicht. Das hieße, die Schuld durch offenkundigen Ungehorsam verdoppeln; hier an der Tür stehen, dem Diener eine Zielscheibe des Spottes – ist unerträglich. Es bleibt also nichts anderes übrig, als an die Tür zu pochen und meinem Schicksal tapfer entgegenzugehen.

Ich klopfe an, aber sehr leise. Es verstreichen noch einige Minuten, die mir wie Ewigkeiten vorkommen.

»Klopfen Sie stärker, Fräulein! Väterchen hört es nicht!« bemerkt der unausstehliche Ilja, den die ganze Sache augenscheinlich sehr belustigt.

Was läßt sich tun? Ich klopfe noch einmal.

»Wer dort? Herein!« vernimmt man endlich Papas Stimme aus dem Arbeitszimmer. Ich trete ein, bleibe aber im Halbdunkel an der Schwelle stehen. Der Vater sitzt mit dem Rücken zur Tür an seinem Schreibtisch und sieht mich nicht.

»Ja, wer ist denn dort? Was steht zu Diensten?« ruft er ungeduldig.

»Ich bin es, Vater. Margareta Franzowna hat mich hergeschickt!« antworte ich schluchzend.

Jetzt errät der Vater, um was es sich handelt.

»Aha! Du hast gewiß schon wieder etwas begangen?« sagt er und bemüht sich, seiner Stimme einen möglichst strengen Ausdruck zu geben. »Nun, erzähle! Was hast du angestellt?«

Und ich beginne schluchzend und stotternd die Anklage gegen mich selbst.

Der Vater hört mein Bekenntnis zerstreut an. Seine Begriffe von Erziehung sind recht einfach, und die ganze Pädagogik ist seiner Ansicht nach Sache der Frau und nicht des Mannes. Natürlich ahnt er auch gar nicht, welche komplizierte innere Welt sich bereits im Kopf des kleinen Mädchens entwickelt hat, das jetzt vor ihm steht und sein Urteil erwartet. Mit seinen »männlichen« Angelegenheiten beschäftigt, hat er auch gar nicht bemerkt, wie ich nach und nach aus dem rundlichen Kind, das ich noch vor fünf Jahren war, herausgewachsen bin.

Man sieht ihm an, wie schwer es ihm fällt, mir etwas zu sagen und in dem vorliegenden Falle etwas zu unternehmen. Mein Vergehen erscheint ihm bedeutungslos, aber er hält Strenge bei der Kindererziehung für unerläßlich. Im Innern grollt er der Gouvernante, daß sie es nicht verstand, eine so einfache Sache selber zu schlichten, und mich zu ihm schickte; aber da nun einmal zu seiner Intervention Zuflucht genommen wurde, muß er seine Macht bekunden. Und er bemüht sich, recht streng

und unwillig dreinzublicken, damit er nichts an Autorität einbüße.
»Was für ein abscheuliches, böses Kind du bist! Ich bin mit dir sehr unzufrieden!« beginnt er und hält inne, weil er sonst nichts zu sagen weiß. »Geh und stelle dich in den Winkel!« entscheidet er sich endlich, da er sich von aller pädagogischen Weisheit nur gemerkt hat, daß man Kinder, die etwas begangen haben, in den Winkel stellt.
Man versetze sich in meine Lage: ein großes, zwölfjähriges Mädchen, ich, die vor wenigen Minuten mit der Heldin des heimlich gelesenen Romans die größten Seelenkonflikte durchlebt hatte, ich muß mich also wie ein kleines, unvernünftiges Kind in den Winkel stellen.
Der Vater arbeitet weiter an seinem Schreibtisch. Im Zimmer herrscht tiefes Schweigen. Ich stehe da, ohne mich zu regen, aber mein Gott, was habe ich alles in dieser kurzen Zeit durchdacht und gefühlt! Ich entsinne mich so genau, wie lächerlich und dumm mir meine Lage vorkam. Eine Mischung aus Scham und Stolz zwingt mich zu schweigen. Ich fühle mich jedoch tief verletzt; ohnmächtiger Zorn steigt in mir auf und schnürt mir die Kehle zu. »Welcher Unsinn! Was liegt daran, daß ich im Winkel stehe!« tröste ich mich heimlich, allein es tut mir weh, daß der Vater mich demütigen kann und will, derselbe Vater, auf den ich so stolz bin, den ich höher als alle anderen stelle! Es ist gut, daß wir allein sind. Da klopft jemand an die Tür, und im Zimmer erscheint unter nichtigem Vorwand der unausstehliche Ilja. Ich weiß sehr wohl, daß er einfach aus Neugierde

gekommen ist, um zu sehen, in welcher Weise das Fräulein bestraft worden ist, er jedoch erledigt seine Angelegenheiten mit gespielter Gleichgültigkeit, beeilt sich keineswegs, als ob er gar nichts Besonderes bemerkte, und erst beim Hinausgehen wirft er einen spöttischen Blick auf mich. Oh, wie ich ihn da hasse!

Ich bin so still, daß der Vater mich vergißt und mich ziemlich lange stehen läßt; ich bin selbstverständlich zu stolz, um ihn um Verzeihung zu bitten. Endlich erinnert sich der Vater an mich und läßt mich mit den Worten frei: »Nun geh und sieh zu, daß du nicht wieder etwas anstellst!«

Er ahnt nicht im Entferntesten, welche seelische Tortur sein armes kleines Mädchen während dieser halben Stunde ausgestanden hat. Er würde sicherlich erschrokken sein, wenn er in mich hätte hineinblicken können. Nach einigen Minuten wird er diese unangenehme Kindergeschichte vergessen haben. Ich aber verlasse sein Zimmer mit dem Gefühl einer gar nicht kindlichen Schwermut wegen solch unverdienter Kränkung, wie ich sie später vielleicht bloß noch zwei-, dreimal in den schwersten Augenblicken meines Lebens erfahren mußte.

Still und bedrückt kehre ich ins Unterrichtszimmer zurück. Die Gouvernante ist mit den Resultaten ihrer pädagogischen Maßnahmen zufrieden, da ich noch viele Tage nachher so still und ergeben bin, daß sie mein Betragen nicht genug loben kann; sie wäre aber minder zufrieden gewesen, wenn sie gewußt hätte, welche Spuren diese Gefügigkeit in meiner Seele zurückließ.

Überhaupt zieht sich wie ein schwarzer Faden durch alle meine Kindheitserinnerungen das Bewußtsein, in der Familie nicht beliebt zu sein. Von den Gesprächen des Gesindes, die ich zufällig hörte, abgesehen, förderte das einsame Leben, das ich mit der Gouvernante führte, noch diesen Glauben.

Das Los der Gouvernante war auch keineswegs heiter. Vereinsamt, weder jung noch schön, fern von englischer Gesellschaft und sich in Rußland nie völlig heimisch fühlend, konzentrierte sie ihren ganzen Vorrat an Sympathie auf mich, so weit das ihrer festen, energischen, unbeugsamen Natur nur möglich war. Ich bildete tatsächlich den Mittelpunkt aller ihrer Gedanken und Sorgen und gab ihrem Leben eine Bedeutung; aber ihre Liebe zu mir war streng, eifersüchtig, prätentiös und bar jeder Zärtlichkeit.

Meine Mutter und die Gouvernante waren zwei einander so entgegengesetzte Naturen, daß keine Sympathie zwischen ihnen aufkommen konnte. Meine Mutter gehörte ihrem Wesen und Äußeren nach zu den Frauen, die nie alt werden. Zwischen ihr und dem Vater bestand ein großer Altersunterschied, und der Vater behandelte sie bis ans Lebensende wie ein Kind. Er nannte sie Lisa oder Lisok, während sie ihn stets mit Wassili Wassilijewitsch betitelte. Es kam sogar vor, daß er ihr in Gegenwart der Kinder einen Verweis gab. »Du sprichst schon wieder Unsinn, Lisitschka!« hörten wir nicht selten. Und die Mutter fühlte sich darüber gar nicht beleidigt, und wenn sie starrsinnig blieb, so tat sie es wie ein verzogenes Kind, das törichte Wünsche haben darf.

Die Mutter fürchtete sich regelrecht vor der Gouvernante, weil die unabhängige Engländerin nicht selten schroff auftrumpfte und sich als einzige, unbeschränkte Herrscherin in der Kinderstube betrachtete und die Mutter nur wie einen Gast empfing. Deshalb blickte die Mutter selten zu uns herein und mischte sich nicht in meine Erziehung.

Ich war von meiner Mutter bezaubert. Sie schien mir schöner und liebenswürdiger als alle uns bekannten Damen; gleichzeitig empfand ich eine gewisse Bitterkeit: warum liebt sie mich weniger als meine Geschwister?

Ich bin abends im Unterrichtszimmer. Alle meine Aufgaben für den nächsten Tag sind fertig, allein die Gouvernante läßt mich unter allerhand Vorwänden noch immer nicht hinaufgehen. Da vernimmt man von oben her, aus dem genau über dem Unterrichtsraum liegenden Salon, Musik. Die Mutter hat die Gewohnheit, abends Klavier zu spielen. Sie spielt stundenlang auswendig, phantasiert, improvisiert, von einem Thema zum anderen übergehend. Sie besitzt auch musikalischen Geschmack und einen merkwürdig weichen Anschlag, und ich höre ihr außerordentlich gern zu.

Unter der Einwirkung der Musik und der Müdigkeit vom Lernen überkommt mich ein Drang nach Zärtlichkeit, das Verlangen, mich zärtlich an irgend jemanden zu schmiegen. Erst wenige Minuten vor dem Abendtee gibt mich die Gouvernante endlich frei. Ich laufe hinauf und sehe folgendes Bild: Die Mutter, die zu spielen aufgehört hat, sitzt auf dem Sofa, Anjuta und Fedja zu beiden Seiten an sie geschmiegt. Sie lachen und plaudern

so lebhaft, daß sie mein Eintreten nicht bemerken. Ich stehe einige Minuten schweigend da, in der Hoffnung, bemerkt zu werden. Aber sie sprechen weiter. Das genügt, um meinen Mut abzukühlen.
»Sie fühlen sich auch ohne mich wohl!« Ein bitteres Gefühl der Eifersucht zieht durch meine Seele, und anstatt zur Mutter zu stürzen, ihr die beiden weißen Hände zu küssen, wie ich es mir unten im Unterrichtszimmer gedacht habe, verberge ich mich in irgendeinem entfernten Winkel und schmolle, bis man zum Tee ruft. Dann schickt man mich bald schlafen.

V

Mein Onkel Peter Wassiliewitsch

Das Bewußtsein, daß man mich in der Familie weniger als die anderen Kinder liebte, kränkte mich um so tiefer, als das Bedürfnis nach einer kräftigen und ausschließlichen Zuneigung sehr frühzeitig in mir erwachte. Infolgedessen hegte ich sofort eine an Vergötterung grenzende Sympathie für jeden Verwandten oder Freund unseres Hauses, der – aus welchem Grunde immer – mir ein wenig mehr Geneigtheit zeigte als meinem Bruder oder der Schwester.

Während meiner Kinderzeit war ich vor allem zweien meiner Onkel besonders zugetan. Der eine war der ältere Bruder meines Vaters, Peter Wassiliewitsch Korwin-Krukowski. Er war ein sehr interessanter alter Herr, von hohem Wuchs, mit einem großen Kopf, der von weißen, dichten Locken ganz umrahmt war. Sein Gesicht, mit regelmäßigem, strengem Profil, grauen buschigen Brauen und einer tiefen Falte, die seine hohe Stirn der Länge nach durchschnitt, hätte einen strengen, fast bösen Ausdruck gehabt, wäre es nicht von so guten, treuherzigen Augen erhellt worden, wie sie sich sonst nur bei Neufundländern oder kleinen Kindern finden. Dieser Onkel schien im wahren Sinne des Wortes »kein Mensch für diese Welt«. Obgleich er als Ältester in gewissem Sinne das Oberhaupt der Familie darstellte, ließ er sich von jedem, dem es eben einfiel, alles gefallen, und alle Verwandten behandelten ihn wie ein altes Kind. Seit langem stand er im Ruf eines Sonderlings. Seine Frau war vor einigen Jahren gestorben. Er hatte sein ganzes, ziemlich beträchtliches Vermögen seinem einzigen Sohn überlassen und sich bloß eine recht unbedeutende monatliche Rente ausbedungen. Da er nun keine richtige Beschäftigung mehr hatte, besuchte er uns oft in Palibino und blieb wochenlang zu Gast. Seine Ankunft wurde bei uns stets als ein Fest betrachtet, denn wenn er kam, wurde es in unserem Hause immer so eigenartig gemütlich und viel lebendiger als sonst.

Sein Lieblingsplatz war die Bibliothek. Physisch außerordentlich träge, saß er mitunter ganze Tage lang unbeweglich auf dem großen Lederdivan, das schwächere linke Auge zusammengekniffen, völlig versunken in die Lektüre seiner Lieblingszeitschrift, der »*Revue des deux mondes*«.

Bis zur Betäubung lesen – das war seine einzige Leidenschaft. Die Politik interessierte ihn außerordentlich. Er verschlang gierig die Zeitungen, die einmal wöchentlich eintrafen, und dann blieb er lange sitzen und dachte nach: »Was braut diese Canaille Napoleoschka Neues zusammen?« In seinen letzten Lebensjahren bereitete ihm auch Bismarck einiges Kopfzerbrechen. Der Onkel war davon überzeugt, daß »Napoleoschka den Bismarck verspeisen wird«, und da er 1870 nicht erlebte, starb er auch in diesem Glauben.

In politischen Dingen war der Onkel von ungewöhnlicher Blutgier. Eine Hunderttausende zählende Armee niederzumachen, war für ihn ein Kinderspiel. Nicht weniger grausam gebärdete er sich, wenn er – im Geiste – Verbrecher bestrafte. Ein Verbrecher war für ihn übrigens ein reines Phantasiegebilde, da er im wirklichen Leben alle Menschen für »Gerechte« hielt.

Ungeachtet der Einsprache unserer Erzieherin verurteilte er alle englischen Beamten in Indien zum Galgen. »Ja, mein Fräulein, alle, alle!« schrie er und schlug in der Hitze des Disputs kräftig mit der Faust auf den Tisch. Er sah dann so grausam und wütend aus, daß jeder, der das Zimmer betreten hätte, bei diesem Anblick ohne Zweifel erschrocken wäre. Mit einem Male aber beruhigte er sich, und Verlegenheit und Reue spiegelten sich auf seinem Gesicht – er hatte bemerkt, daß er mit seiner unbedachten Bewegung unser aller Liebling, den Windhund Grisi, der neben ihm auf dem Divan lag, aufgescheucht hatte.

Am meisten freute es den Onkel, wenn er in einer Zeitschrift den Bericht über eine bedeutende wissenschaftliche Entdeckung fand. An solchen Tagen gab es bei Tische heiße Debatten und Auseinandersetzungen, während in Abwesenheit des Onkels das Mittagsmahl gewöhnlich unter Schweigen vorüberging, da die Hausgenossen in Ermangelung gemeinsamer Interessen nicht wußten, worüber sie sprechen sollten.

»Haben Sie gelesen, Schwägerin, was Paul Bert ersonnen hat?« sagte der Onkel einmal, indem er sich an meine Mutter wandte. »Er bringt auf künstlichem Wege so etwas wie siamesische Zwillinge hervor; er läßt die Nerven zweier Kaninchen zusammenwachsen. Schlägt

man dann das eine, so fühlt das andere Schmerz. Begreifen Sie die ganze Tragweite dieser Erfindung?«
Und der Onkel beginnt, den Anwesenden den Inhalt des Artikels, den er soeben in der Zeitschrift gelesen, wiederzugeben, indem er ihn dabei fast unbewußt ausschmückt und erweitert und daraus kühne Schlüsse und Konsequenzen zieht, von denen der Verfasser selbst sich sicherlich nichts träumen ließ.
Nach seinem Bericht beginnt eine hitzige Debatte. Die Mutter und Anjuta stellen sich sofort auf Seite des Onkels und stimmen in den Enthusiasmus für die neue Erfindung ein. Die Gouvernante mit ihrem Widerspruchsgeist steht fast immer in den Reihen der Opposition und bemüht sich eifrig, die Bedeutungslosigkeit, bisweilen sogar die Sündhaftigkeit der von dem Onkel auseinandergesetzten Theorie nachzuweisen. Auch der Hofmeister gibt manchmal seine Stimme ab, wenn es sich darum handelt, irgend etwas sachlich darzustellen, vermeidet es aber klüglich, an der Diskussion selbst teilzunehmen. Der Vater spielt den skeptischen, spöttischen Kritiker, der sich keiner der Parteien anschließt, der bloß scharf beobachtet und auf die schwachen Punkte in beiden Lagern hinweist. Diese Debatten nehmen manchmal einen fast kriegerischen Charakter an und enden durch irgendeine verhängnisvolle Wendung häufig damit, daß man von Fragen abstrakter Natur plötzlich sogar auf das Gebiet persönlicher Zwistigkeiten gerät.
Als heftigste Gegnerinnen stehen immer im Mittelpunkt des Kampfes die Erzieherin Margareta Franzowna und Anjuta, zwischen denen ein geheimer »siebenjähriger«

Krieg herrscht, der bloß zeitweilig durch Waffenstillstandsperioden unterbrochen wird.

Verblüfft der Onkel durch die Kühnheit seiner Generalisierungen, so zeichnet sich dagegen die Gouvernante durch die nicht geringere Genialität aus, mit der sie persönliche Ausfälle einfügt – mitten in abstrakten, dem praktischen Leben scheinbar sehr fern liegenden gelehrten Theorien entdeckt sie plötzlich einen Anhaltspunkt, Anjutas Betragen zu tadeln, und dies geschieht so unerwartet und in so origineller Weise, daß alle die Hände zusammenschlagen.

Anjuta bleibt nichts schuldig und erwidert so boshaft und unhöflich, daß die Gouvernante vom Tisch aufspringt und erklärt, sie könne nach solchen Beleidigungen nicht länger in unserem Hause bleiben. Den Anwesenden wird es peinlich und unbehaglich zumute; die Mutter, die Streit und derartige Szenen nicht verträgt, versucht zu vermitteln, und die ganze Affäre endet nach langem Hin- und Herreden in Frieden.

Ich entsinne mich, welchen Sturm zwei Aufsätze der »*Revue des deux mondes*« in unserem Hause hervorriefen. Der eine – über die »Einheit der physischen Kräfte« (Bericht über eine Broschüre von Helmholtz), der andere – über »Claude Bernhards Versuche mit herausgeschnittenem Taubengehirn«. Helmholtz und Claude Bernhard wären wohl sehr erstaunt gewesen, wenn sie erfahren hätten, welchen Zankapfel sie in eine friedliche russische Familie, die irgendwo im sumpfigen Gouvernement Witebsk wohnte, geschleudert haben.

Allein nicht bloß die Politik und die Berichte über die

neuesten wissenschaftlichen Entdeckungen vermochten mein Onkelchen Peter Wassiliewitsch aufzuregen. Mit derselben Begeisterung las er auch Romane, Reisebeschreibungen und historische Aufsätze. In Ermangelung eines Besseren las er sogar Kinderbücher. Ich bin später nie mehr einem Russen mit einem solchen Lesehunger begegnet.

Man könnte meinen, daß es für ihn, den reichen Gutsbesitzer, leicht gewesen wäre, seine harmlose Leidenschaft zu befriedigen. Indessen besaß Onkelchen Peter Wassiliewitsch nur wenige Bücher, und bloß in seinen letzten Lebensjahren, und das nur dank unserer Bibliothek in Palibino, fand er die Möglichkeit, sich dem einzigen Genuß hinzugeben, den er schätzte.

Infolge seiner ungewöhnlichen Willensschwäche, die zu seinem energischen, mächtigen Äußeren in schroffem Widerspruch stand, wurde er sein ganzes Leben lang von seiner Umgebung tyrannisiert und zwar in solchem Maße, daß von einer Befriedigung seiner Wünsche oder seiner persönlichen Neigungen gar nicht die Rede sein konnte.

Dieser Charakterschwäche wegen betrachtete man ihn in der Jugend als untauglich für den Militärdienst – nach damaliger Anschauung der einzige Beruf, dem der Sprößling eines altadligen Geschlechtes sich widmen sollte –, und da er friedfertiger Natur und tollen Streichen abgeneigt war, beschlossen die zärtlichen Eltern, ihn zu Hause zu behalten und bloß so weit erziehen zu lassen, als notwendig war, um nicht in der Gesellschaft als Bauerntölpel zu gelten. Alles, was er wußte, hatte er sich selbst durch Nachdenken erworben oder später aus Büchern gelernt. Er besaß tatsächlich erstaunlich viele Kenntnisse, allein wie bei allen Autodidakten, fehlte die rechte Ordnung und Ausgewogenheit. Auf dem einen Gebiet wußte er viel, auf dem anderen wieder gar nichts.

So wuchs er auf dem Gute seiner Eltern heran. Es zeigte sich bei ihm nicht der geringste Ehrgeiz, und in der Familie nahm er den bescheidensten Rang ein. Die jüngeren, begabteren Brüder behandelten ihn von oben herab und beschützten ihn wohlwollend – wie einen unschädlichen Sonderling.

Plötzlich traf ihn aber, wie vom Himmel herab, ein unverhofftes Glück: das schönste und reichste Mädchen des ganzen Gouvernements, Nadeschda Andrejwna N., schenkte ihm ihre volle Aufmerksamkeit. Ob sie sich von seinem schönen Äußeren bestechen ließ oder bloß glaubte, in ihm den ihr entsprechenden Gatten gefunden zu haben, einen Mann, der ihr ergeben und treu sein und stets zu ihren Füßen liegen würde, das weiß Gott. Immerhin gab sie deutlich zu verstehen, sie werde ihn gern heiraten, wenn er sich um sie bewürbe.

Peter Wassiliewitsch selbst hätte es nicht gewagt, von etwas Ähnlichem auch nur zu träumen, allein die Schar der Tantchen und Schwägerinnen setzte ihm eifrig auseinander, welches Glück ihm zuteil werde, und so war er, ehe er sich dessen versah, der erkorene Bräutigam der schönen, reichen, verhätschelten Nadeschda Andrejwna.

Aber diesem Bündnis entsprang kein Glück. Wir Kinder waren von der Überzeugung durchdrungen, Peter Wassiliewitsch sei hauptsächlich zu unserem Ergötzen und deshalb auf der Welt, daß wir mit ihm ungeniert allen erdenklichen Unsinn sprechen könnten; wir fühlten indessen instinktiv, daß man eine Angelegenheit nie berühren dürfte – und die betraf seine verstorbene Frau. Über Tantchen Nadeschda Andrejwna waren unter uns Kindern dunkle Gerüchte im Umlauf. Die Erwachsenen sprachen in unserer Gegenwart nie ihren Namen aus. Aber Tantchen Wassiliewna, des Vaters jüngste und unverheiratete Schwester, kam mitunter die Lust zu plaudern an, und sie erzählte uns dann allerhand entsetzliche Dinge von der seligen Nadeschda Andrejwna.

»Das war eine Natter! Daß Gott bewahre! Mich und Schwesterchen Marienka hätte sie stückweise verspeisen mögen! Und gar der Bruder Peter, der hat's von ihr gekriegt! Wenn sie sich einmal über eines der Dienstmädchen ärgerte, lief sie gleich zu ihm ins Arbeitszimmer und forderte, er solle die Schuldige eigenhändig bestrafen. Da er sehr gut war, wollte er es nicht tun. Er will sie zur Vernunft bringen, ach freilich ... seine ›Vernunft‹ steigerte nur noch ihre Wut. Sie wendet sich gegen ihn, beschimpft ihn mit den häßlichsten Ausdrücken.

Er ist ein Hasenfuß, ist gar kein richtiger Mann ... Als sie endlich einsieht, daß man ihm mit Worten nicht beikommen kann, erfaßt sie mit einem Griff seine Schriften, Bücher, was sie gerade auf dem Tisch findet und wirft alles in den Ofen. ›Ich will dieses Zeug nicht in meinem Hause haben!‹ schreit sie. Es kam sogar vor, daß sie das Pantöffelchen vom Fuße zog, ja, und es ihm ins Gesicht warf. Wahrhaftig! Sie hat ihn auch geschlagen. Und er machte sich nichts daraus, hielt ihr bloß die Hände fest, recht vorsichtig, um ihr nicht weh zu tun, und sagte ihr zärtlich: ›Was tust du, Nadinka, besinne dich! Schämst du dich denn nicht? Und gar vor den Leuten ...‹ Aber sie schämte sich gar nicht.«

»Wie konnte aber der Onkel ein solches Betragen dulden? Warum hat er seine Frau nicht sitzen lassen?« riefen wir unwillig aus.

»Ach, meine Lieben, wirft man denn eine rechtmäßige Frau wie einen Handschuh fort? Ja, ich muß noch sagen – wie schlecht sie ihn auch behandelte, so liebte er sie doch unsinnig!«

»Hat er sie wirklich geliebt? So eine böse Hexe?«

»Und wie er sie liebte, Kinderchen, er konnte ohne sie nicht leben! Als man ihr den Garaus machte, grämte er sich so sehr, daß er beinahe Hand an sich legte.«

»Was sagen Sie da, Tantchen? Wie ist das – den Garaus gemacht?« fragen wir neugierig.

Die Tante merkt nun, daß sie zuviel gesagt hat, bricht die Erzählung plötzlich ab und beginnt energisch an ihrem Strumpf zu stricken, um uns zu zeigen, daß es keine Fortsetzung gibt. Allein unsere Neugierde ist geweckt, und wir lassen keine Ruhe! »Tantchen, Täubchen, erzählen Sie doch!« bestürmen wir sie.

Tantchen sieht ein, daß sie sich einmal verplaudert hat und nicht dabei stehenbleiben kann.

»Ja ... so ... ihre leibeigenen Mädchen haben sie erdrosselt!« sagt sie plötzlich.

»O Gott! Wie schrecklich! Wie ist denn das geschehen? Liebstes Tantchen, erzählen Sie!« rufen wir.

»Nun so, ganz einfach!« erzählt Anna Wassiliewna. »Sie blieb einmal abends allein zu Hause – den Bruder Peter und die Kinder hatte sie fortgeschickt. Ihr Lieblingsmädchen Malanja hatte ihr, wie gewöhnlich, beim Entkleiden geholfen, ihr die Schuhe ausgezogen und sie zu Bett gebracht... da klatscht das Mädchen plötzlich in die Hände. Auf dieses Zeichen hin treten aus allen anliegenden Räumen andere Mädchen herein, dann der Kutscher Fedor und der Gärtner Eustignei. Nadeschda Andrejwna sieht bloß ihre Gesichter an und weiß sofort, was die Stunde geschlagen hat; allein sie verzagt nicht, verliert nicht die Fassung. Sie schreit sie an: ›Was habt Ihr denn hier zu suchen, Ihr Gesindel! Seid Ihr verrückt geworden? Augenblicklich alle hinaus.‹

Schon zittern sie wieder vor ihr und wenden sich bereits den Türen zu, aber Malanja ist beherzter und beginnt die anderen zu überreden.

›Was für niederträchtige Feiglinge Ihr seid! Fürchtet Ihr denn nicht um Eure Haut? Sie wird Euch doch alle morgen nach Sibirien wegschicken!‹

Da besinnen sie sich – der ganze Haufe geht auf ihr Bett zu, die einen fassen die selige Schwägerin an den Händen, die anderen an den Beinen, sie werfen Kissen über sie, um sie zu ersticken. Sie bittet inständig, verspricht ihnen Geld und alles Gute! Nein, die lassen sich durch nichts mehr zum Narren halten! Und ihr Liebling Malanja ruft noch: ›Ein Handtuch, werft ihr ein nasses Handtuch über den Kopf, damit nicht blaue Flecke auf ihrem Gesicht bleiben!‹

Später denunzierten sie sich selbst. Nachdem sie mit Ruten gezüchtigt waren, erzählten sie vor Gericht alles ausführlich. Nun freilich, für ihre schöne Tat hat man ihnen nicht den Kopf gestreichelt, einige von ihnen verfaulen wahrscheinlich jetzt noch in Sibirien.«

Tantchen hält inne, und wir schweigen auch vor Entsetzen.

»Seht nur zu, daß Ihr vor Papachen oder der Mutter nicht davon sprecht, was ich Euch dummerweise ausgeplaudert habe!« prägt uns Tantchen ein; wir haben schon selbst begriffen, daß man von dergleichen weder mit dem Vater noch mit der Mutter, noch mit der Gouvernante reden darf. Es käme nur eine böse Geschichte heraus.

Dafür verfolgt mich abends zur Schlafenszeit diese Erzählung und läßt mich nicht einschlafen.

Als ich mich einmal auf dem Gute des Onkels befand, sah ich das in Ölfarben lebensgroß gemalte Portrait der Tante Nadeschda Andrejewna – ein Schablonenarbeit, so wie man zu jener Zeit alle Porträts malte. Und da stand sie wie lebendig vor mir: klein, elegant, zierlich wie ein Porzellanpüppchen, in hellrotem, dekolletiertem Sammetkleid, mit einem Granatgeschmeide um den üppigen, weißen Hals, helles Rot auf den Wangen, einen hochmütigen Ausdruck in den großen schwarzen Augen, mit dem stereotypen Lächeln auf dem rosigen Mündchen. Und ich bemühe mich, mir vorzustellen, wie sich diese großen Augen noch erweitern, welcher Schreck sich in ihnen abspiegelte, als sie auf einmal ihre demütigen Sklaven vor sich sah, die gekommen waren, um sie zu ermorden!

Dann dachte ich mich selbst an ihre Stelle. Während mich Dunjascha entkleidet, kommt es mir plötzlich in den Sinn: wie, wenn ihr gutmütiges, rundes Gesicht sich plötzlich in ein böses verwandelt, wenn sie auf einmal in die Hände klatscht und Ilja und Stephan und Sascha ins Zimmer treten und sagen: »Wir sind gekommen, um sie zu ermorden, Fräulein!«
Bei diesem unsinnigen Gedanken erschreckte ich so, daß ich Dunjascha nicht wie gewöhnlich zurückbehalte, sondern im Gegenteil beinahe froh bin, daß sie, nachdem meine Nachttoilette beendet ist, endlich fortgeht. Allein ich kann doch nicht einschlafen und liege lange in der Dunkelheit mit offenen Augen da und warte voll Ungeduld, daß die Gouvernante, die oben blieb, um mit den anderen Karten zu spielen, endlich komme.
Sooft ich mit Onkel Peter Wassiliewitsch allein bleibe, kehrt unwillkürlich auch diese Geschichte in mein Gedächtnis zurück, und es erscheint mir seltsam und unbegreiflich, wie dieser Mensch, der in seinem Leben so viel gelitten, jetzt so ruhig, als ob sich gar nichts ereignet hätte, mit mir Schach spielt, mir Schiffchen aus Papier faltet oder sich wer weiß wie ereifern kann, wenn er aus der Zeitung von der Wiederherstellung des alten Flußbettes Sir-Dari oder von irgendeinem anderen Projekt erfuhr. Es fällt Kindern immer schwer, sich vorzustellen, daß jemand von ihren nächsten Verwandten, den sie im häuslichen Verkehr zu sehen gewohnt sind, etwas außergewöhnlich Tragisches erlebt habe.
Manchmal hatte ich eine Art krankhaften Verlangens, den Onkel zu befragen, wie sich alles zugetragen hat.

Ich sah ihn dann lange an, ohne die Augen zu senken, und stellte mir vor, wie dieser große, kräftige, kluge Mann vor der kleinen, schönen Frau zittert und weint und ihr die Hände küßt, und sie seine Schriften und Bücher zerreißt oder ihr Pantöffelchen vom Fuß zieht und ihn damit ins Gesicht schlägt.

Einmal, bloß ein einziges Mal während meiner ganzen Kindheit, hielt ich mich nicht zurück und rührte an des Onkels wunde Stelle. Das geschah abends. Wir waren in der Bibliothek allein. Der Onkel saß wie gewöhnlich mit übereinandergeschlagenen Beinen auf dem Diwan und las; ich lief ballspielend im Zimmer herum, endlich setzte ich mich zu ihm, und als ich mich an ihn schmiegte, mußte ich wieder an seine Geschichte denken.

Der Onkel legte plötzlich das Buch weg und fragte mich, mir zärtlich den Kopf streichelnd: »Woran denkst Du, Kindchen?«

»Waren Sie mit Ihrer Frau sehr unglücklich, Onkel?« kam es mir fast unwillkürlich von der Zunge.

Ich werde niemals vergessen, welchen Eindruck diese unerwartete Frage auf den armen Onkel machte. Sein ruhiges, ernstes Gesicht zog sich plötzlich wie bei einem physischen Schmerz in lauter kleine Falten zusammen. Er streckte die Hände vor, als wollte er einen Schlag abwehren. Er tat mir so ungeheuer leid, und ich schämte mich sehr. Es kam mir vor, als hätte auch ich das Pantöffelchen vom Fuß gezogen und ihm ins Gesicht geschlagen.

»Onkel, Täubchen, verzeihen Sie! Ich habe gefragt ohne zu denken«, sagte ich, indem ich mich an ihn schmiegte und mein vor Scham rotes Gesicht an seiner Brust verbarg. Und der liebe Onkel mußte mich noch trösten. Seitdem rührte ich nicht mehr an diese unerquickliche Angelegenheit.

Über alles andere aber durfte ich getrost an Onkelchen Peter Wassiliewitsch Fragen stellen. Ich galt als sein Liebling, und wir saßen oft stundenlang zusammen und plauderten über alles mögliche.

Befaßte sich der Onkel mit einer bestimmten Idee, so mußte er unentwegt an sie denken und konnte nur von ihr sprechen. Er vergaß völlig, daß er sich an ein Kind wandte und entwickelte nicht selten vor mir die kompliziertesten Theorien. Und gerade das gefiel mir, und ich fühlte mich als Erwachsene behandelt, spannte alle meine Kräfte an, um ihn zu verstehen oder mir wenigstens doch den Anschein zu geben, als verstünde ich ihn.

Zwar hatte er Mathematik nicht studiert, war aber für diese Wissenschaft außerordentlich eingenommen. Er hatte aus verschiedenen Büchern einige mathematische Kenntnisse gesammelt und sprach gern darüber, wobei es ihm oft widerfuhr, daß er in meiner Gegenwart laut dachte. So hörte ich von ihm etwas über die Quadratur des Kreises und von vielen ähnlichen Dingen, deren Sinn ich selbstverständlich nicht erfassen konnte, die aber auf meine Phantasie einwirkten und mir Begeisterung für die Mathematik einflößten. Ich sah in ihr eine höhere, geheimnisvolle Wissenschaft, die dem Kundigen eine neue, herrliche Welt eröffnet, zu welcher gewöhnliche Sterbliche jedoch keinen Zutritt erlangen können.

Da ich von diesen meinen ersten Begegnungen mit der

Mathematik spreche, kann ich nicht umhin, eines höchst merkwürdigen Umstandes zu gedenken, der gleichfalls in mir das Interesse für diese Wissenschaft erweckte.

Als wir aufs Land zogen, mußte man das ganze Haus neu herrichten und alle Zimmer mit frischen Tapeten versehen. Wegen der großen Zahl der Räume reichten die Tapeten für das Kinderzimmer nicht mehr hin; es hätte zuviel Umstände gemacht, erst eine Tapete aus Petersburg zu beziehen, und das war bei der Bestellung für nur einen einzigen Raum wirklich nicht der Mühe wert. Man wartete daher eine günstige Gelegenheit ab, und so blieb dieses Zimmer jahrelang mit alten Schriften beklebt. Glücklicherweise hatte man zu diesem provisorischen Ankleben gerade die lithographierten Vorlesungen Ostrogradskis über Differential- und Integralrechnungen verwendet, die mein Vater in seiner Jugend gekauft hatte. Diese Bogen mit den bunten, unverständlichen Formeln nahmen bald meine Aufmerksamkeit in Anspruch. Ich stand, wie ich mich erinnere, als Kind stundenlang vor dieser geheimnisvollen Wand und bemühte mich, zum mindesten einzelne Sätze zu entziffern und die Ordnung herauszufinden, in der die Bogen aufeinander folgen mußten. Vom täglichen langen Beobachten prägte sich meinem Gedächtnis das äußere Bild vieler Formeln ein, selbst der Text hinterließ in meinem Gehirn eine tiefe Spur, obgleich ich ihn beim Lesen nicht verstand.

Als ich viele Jahre später, schon als fünfzehnjähriges Mädchen, bei dem bekannten Professor der Mathematik, Alexander Nikolaiwitsch Strannoljubski, in Petersburg die erste Lektion in den Differential-Rechnungen nahm, wunderte er sich, wie rasch ich begriff, was er über die Asymptote sagte »gerade als hätte ich im voraus alles über sie gewußt« – ganz so drückte er sich aus. In jenem Augenblicke, da er mir diese Begriffe erklärte, erinnerte ich mich tatsächlich in lebhafter Weise daran, daß all das auf jenem Bogen Ostrogradskis stand, und Begriffe wie »Grenzwert« und andere kamen mir wie längst bekannt vor.

VI

Onkel Fedor Fedorowitsch Schubert

Meine Liebe für den anderen Onkel, den Bruder meiner Mutter, Fedor Fedorowitsch Schubert, war ganz anderer Art.

Dieser Onkel, meiner seligen Großeltern einziger Sohn, war um vieles jünger als meine Mutter; er lebte in Petersburg und genoß als einziger männlicher Repräsentant der Familie Schubert bei seinen Schwestern, ebenso bei seinen zahlreichen Tanten und unverheirateten Cousinen, grenzenlose Sympathien.

Seine Ankunft bedeutete jedesmal ein großes Ereignis. Als er zum ersten Male zu uns kam, war ich neun Jahre alt. Schon viele Wochen vorher wurde davon gesprochen. Man bestimmte für ihn das beste Zimmer, und die Mutter sah selbst darauf, daß die bequemsten Möbel hineingestellt wurden. Man sandte ihm in die Hauptstadt des Gouvernements, die 150 Werst von unserem Gut entfernt war, den Wagen entgegen mit einem Pelz, einer Fußdecke und einem Plaid, daß der Onkel sich ja nicht erkälte – es war bereits Spätherbst.

Am Vorabend des Tages, an dem der Onkel eintreffen sollte, hält plötzlich vor der Haustür ein gewöhnlicher Postwagen, mit drei jämmerlichen Pferden bespannt, und heraus springt ein junger Mann mit einem leichten Stadtmantel und mit einer Reisetasche über der Schulter.

»Mein Gott! Das ist ja Bruder Fedja!« schrie die Mutter, die aus dem Fenster geblickt hatte.

»Onkelchen, Onkelchen ist angekommen!« erschallte es im ganzen Haus, und wir alle liefen in die Halle, ihm entgegen.

»Fedja, armer, wie konntest du nur im Postwagen fahren? Bist du denn nicht der Equipage begegnet, die wir dir entgegengeschickt haben? Du mußt ja ganz durchgerüttelt sein!« sagte mitleidig die Mutter, indem sie ihren Bruder umarmte. Es stellte sich heraus, daß der Onkel Petersburg 24 Stunden früher verlassen hatte, als bestimmt war.

»Christus mit dir, Lisa!« sagte er lachend und wischte sich die Eiszäpfchen vom Schnurrbart, um die Schwester zu küssen.

»Ich dachte nicht, daß du dir meiner Reise halber so viel Umstände machen würdest! Wozu mir den Wagen entgegenschicken? Bin ich denn ein altes Weib, daß ich nicht 150 Werst im Postwagen zurücklegen könnte!«

Der Onkel hatte eine angenehme Tenorstimme. Er sah noch sehr jung aus. Kastanienbraunes, ganz kurz geschorenes Haar stand dicht und sammetartig wie bei einem Biber auf seinem Kopfe. Die roten Wangen glänzten vom Frost, die braunen Augen blickten feurig und fröhlich drein, und zwischen den vollen, hellroten Lippen mit dem schönen Schnurrbart schimmerte jeden Augenblick eine Reihe großer weißer Zähne hervor.

»Das ist einmal ein fescher Onkel!« dachte ich, indem ich ihn entzückt betrachtete.

»Wer ist das? Anjuta?« fragte er, auf mich deutend.

»Was fällt dir ein, Fedja, Anjuta ist schon erwachsen, das ist bloß Sonja!« berichtigte die Mutter beleidigt.
»Mein Gott! Wie bei dir die Töchter heranwachsen! Gib acht, Lisa, eh du dich dessen versiehst, machen sie dich zur alten Frau!« sagte der Onkel lachend und küßte mich. Unwillkürlich schämte ich mich und wurde des Kusses wegen feuerrot.
An der Mittagstafel nimmt der Onkel natürlich den Ehrenplatz neben Mama ein. Er ißt mit großem Appetit, was ihn jedoch nicht hindert, die ganze Zeit ununterbrochen zu sprechen. Er erzählte allerhand Petersburger Neuigkeiten und Klatschgeschichten, bringt jedermann zum Lachen und schüttelt sich selbst in hellem, fröhlichem Gelächter. Alle hörten ihm aufmerksam zu; selbst der Vater behandelte ihn mit großer Achtung, ohne eine Spur von Hochmut und gönnerhafter, spöttischer Herablassung, wie er sie so oft den zu uns kommenden Leuten unserer Verwandtschaft zeigt, die er nicht so recht leiden kann.
Je mehr ich meinen Onkel ansehe, desto besser gefällt er mir. Im Nu hat er sich gewaschen und umgekleidet, und niemand hätte es seinem gesunden frischen Aussehen angemerkt, daß er soeben von einer Reise angekommen ist.
Der Rock aus festem, glänzendem englischen Tuch kleidet ihn besonders gut, viel besser als andere Männer. Am besten aber gefallen mir seine Hände, große, weiße, gepflegte Hände mit glänzenden Nägeln, die großen rosigen Mandeln ähnlich sind.
Während der ganzen Mahlzeit wende ich meine Augen

von ihm nicht ab und vergesse selbst zu essen – so sehr bin ich damit beschäftigt, ihn anzusehen.

Nach Tische nimmt der Onkel auf dem kleinen Sofa in der Ecke des Salons Platz und hebt mich auf seinen Schoß.

»Nun laß uns Bekanntschaft machen, *mademoiselle, ma nièce!*« sagt er.

Der Onkel fragt, wer mich unterrichtet, was ich lese.

Kinder wissen gewöhnlich viel besser, als Erwachsene glauben, was ihre starken und schwachen Seiten sind. So wußte ich sehr wohl, daß ich rasch lerne und daß alle der Meinung waren, ich sei für meine Jahre in den Kenntnissen sehr *avancée*. Deshalb bin ich sehr zufrieden, daß der Onkel auf den Einfall gekommen ist, mich über den Unterricht zu befragen, und ich beantworte alle seine Fragen sehr gern und ohne Schüchternheit. Ich bemerke, daß der Onkel mit mir sehr zufrieden ist.

»Sieh' mal, was für ein kluges Kind! Was sie alles schon weiß!« wiederholt er alle Augenblicke.

»Onkel, erzählen Sie mir auch etwas!« dränge ich ihn, »nun sind Sie an der Reihe.«

»Gern, doch darf man einem so klugen Fräulein wie dir nicht Märchen erzählen!« sagte er scherzend, »mit dir kann man bloß von ernsten Dingen sprechen.«

Und er erzählt mir von Infusorien, Wasserpflanzen und von der Entstehung der Korallenbänke. Der Onkel hat erst unlängst die Universität verlassen, so daß ihm alle diese Kenntnisse noch frisch im Gedächtnis sind; er erzählt sehr hübsch und hat seine Freude daran, daß ich mit weit aufgerissenen Augen aufmerksam zuhöre.

Das wiederholt sich seit diesem ersten Tage allabendlich. Nach Tische gehen Mutter und Vater aus dem Zimmer, um ein halbstündiges Schläfchen zu machen. Der Onkel hat nichts zu tun, setzt sich auf mein kleines Lieblingssofa, nimmt mich auf den Schoß und beginnt allerlei zu erzählen. Er fordert auch meine Geschwister auf zuzuhören; meine Schwester aber, die die Schulbank soeben verlassen hat, hält es als erwachsenes Fräulein für unter ihrer Würde, so belehrende Dinge anzuhören, die »bloß den Kleinen interessant erscheinen«. Der Bruder, der einmal dabeistand und zuhörte, fand es nicht lustig und lief davon, um Pferdchen zu spielen.
Mir wurden die wissenschaftlichen Unterhaltungen, wie sich der Onkel scherzweise ausdrückte, unsäglich teuer. Die liebste Zeit des Tages waren mir jene halben Stündchen nach Tisch, da ich allein mit dem Onkel blieb. Ich vergötterte den Onkel wirklich; ehrlich gesagt, ich kann eigentlich nicht dafür gutstehen, daß mit diesem Gefühl nicht eine Art von kindlicher Verliebtheit verbunden war, deren kleine Mädchen fähiger sind, als Erwachsene annehmen. Ich empfand jedesmal eine gewisse eigenartige Verlegenheit, wenn ich den Namen des Onkels aussprechen sollte, wenn ich fragen wollte: »Ist der Onkel zuhause?« Bemerkte jemand bei Tische, daß ich ihn unaufhörlich ansah und fragte dann: »Nun, Sonja, du scheinst deinen Onkel sehr lieb zu haben?« errötete ich bis über die Ohren und brachte kein Wort hervor.
Während des ganzen Tages begegnete ich ihm so gut wie gar nicht, da sich mein Leben fern von dem der Erwachsenen abspielte. Allein während des Unterrichts und

der Erholungspause dachte ich fortwährend: »Wird bald der Abend kommen? Werde ich bald mit dem Onkel allein sein?«

Während er bei uns zu Gast war, kam einmal der Gutsnachbar mit Frau und Tochter zu uns. Olga war das einzige Mädchen meines Alters, mit dem ich verkehrte. Indessen brachte man sie nicht häufig zu uns, dafür blieb sie dann aber den ganzen Tag da, mitunter übernachtete sie sogar bei uns.

Sie war ein sehr lustiges, lebhaftes Mädchen. Obgleich unsere Charaktere und unser Geschmack auseinandergingen, so daß wahre Freundschaft zwischen uns nicht entstehen konnte, freute ich mich gewöhnlich ihres Besuches sehr, da man ihr zu Ehren den Unterricht ausfallen ließ und mir den ganzen Tag freigab.

Jetzt aber war mein erster Gedanke, als ich Olga erblickte: »Wie wird es denn nach Tische sein?«

Den größten Reiz meiner Unterhaltungen mit dem Onkel bildete gerade dies, daß wir zu zweien blieben, daß ich ihn ganz für mich allein hatte, und ich fühlte schon von vornherein, daß die Anwesenheit der dümmlichen Olga mir alles verderben würde.

Ich begrüße deshalb meine Freundin mit geringerem Vergnügen als sonst: »Ob man sie wohl heute früher abholen wird?« dachte ich in heimlicher Hoffnung während des ganzen Morgens. Aber nein! Es stellte sich heraus, daß Olga erst spät abends fortfahren würde. Was war zu tun? Zagenden Herzens beschloß ich, mich meiner Freundin zu entdecken und sie zu bitten, uns nicht zu stören.

»Höre, Olga!« sagte ich leise. »Ich will mit dir den ganzen Tag spielen und buchstäblich alles tun, was du nur wünschen wirst. Aber dafür sei so gut, gleich nach Tisch irgendwohin zu gehen und mich in Ruh zu lassen. Nach Tische unterhalte ich mich immer mit meinem Onkel, und wir brauchen dich dabei gar nicht.«

Olga nahm meinen Vorschlag an, und ich erfüllte im Laufe des ganzen Tages getreulich mein gegebenes Versprechen. Ich spielte mit ihr alle Spiele, die sie nur erdachte, übernahm alle Rollen, die sie mir zuteilte, verwandelte mich auf ihren Befehl aus einer Herrin in eine Köchin und aus einer Köchin in eine Gnädige. Endlich rief man uns zum Essen. Bei Tische saß ich wie auf Nadeln. »Wird Olga wohl ihr Wort halten?« dachte ich bei mir und blickte verstohlen und voller Unruhe auf meine Freundin, die ich mit ausdrucksvollen Blicken an unsere Abmachung mahnte.

Nach Tische küßte ich wie gewöhnlich Papachen und Mamachen die Hände, eilte zum Onkel und wartete, was er sagen würde.

»Nun, Kindchen, werden wir uns heute unterhalten?« fragte der Onkel, mich zärtlich am Kinn fassend.

Ich hüpfte vor Freude, erfaßte fröhlich seine Hand und schickte mich schon an, mit ihm unser heiliges Winkelchen aufzusuchen. Da bemerkte ich plötzlich, daß die wortbrüchige Olga dieselbe Richtung einschlug.

Es zeigte sich, daß meine Abmachung die Sache bloß verdorben hatte. Wenn ich ihr gar nichts gesagt und sie bemerkt hätte, daß ich mit dem Onkel nur über ernste Dinge sprach, so wäre sie, die vor allem, was an Lernen gemahnte, eine heillose Angst hatte, vielleicht rasch davongegangen. Als sie aber merkte, welchen Wert ich den Erzählungen des Onkels beilegte und daß ich sie um jeden Preis loswerden wollte, dachte sie sich, daß wir sicherlich von etwas außerordentlich Interessantem sprechen würden, und bekam auch Lust zuzuhören.

»Darf ich auch mit Ihnen gehen?« fragte sie mit bittender Stimme, indem sie ihre blauen, sanften Augen zum Onkel erhob.

»Selbstverständlich, mein Liebchen!« erwiderte er und blickte sie sehr zärtlich an, da ihm offenbar ihr hübsches, rosiges Gesichtchen gefiel. Ich warf Olga einen unwilligen Blick zu, der sie jedoch keineswegs verwirrte.

»Aber Olga kennt doch diese Dinge nicht. Sie wird davon ohnehin nichts verstehen!« warf ich sichtlich böse ein. Allein, auch dieser Versuch, mich von der zudringlichen Freundin zu befreien, führte zu nichts.

»Nun, dann werden wir heute von einfacheren Dingen sprechen, damit auch Olga ihre Freude hat!« sagte der Onkel gutmütig und ging, uns beide an den Händen fassend, zum Sofa.

Ich ging finster schweigend mit. Diese Unterhaltung zu dreien, die obendrein noch Olgas Neigungen und Verständnis angepaßt werden sollte, war gar nicht nach meinem Geschmack. Es kam mir vor, als hätte mir jemand etwas mir allein Gehörendes, Unantastbares und Teures geraubt.

»Nun, Sonja, willst du auf meinen Schoß kommen!« sagte der Onkel, der meine üble Laune gar nicht zu bemerken schien.

Ich fühlte mich jedoch so beleidigt, daß dieser Vorschlag mich auch nicht milder stimmte.
»Ich will nicht!« erwiderte ich böse und schmollte. Der Onkel sah mich erstaunt, doch lächelnd an. Ob er erriet, welches eifersüchtige Gefühl meine Seele bewegte oder ob er mich necken wollte, weiß ich nicht – er wandte sich zu Olga und sagte: »Also, wenn Sonja nicht will, setze du dich zu mir auf den Schoß!«
Olga ließ sich das nicht zweimal sagen, und ehe ich noch überlegte und fassen konnte, was geschehen war, war sie auch schon auf Onkels Schoß geklettert. Das hatte ich nun gar nicht erwartet. Es war mir nicht in den Sinn gekommen, daß die Sache eine so schreckliche Wendung nehmen könnte.
Ich war zu bestürzt, um Einspruch erheben zu können. Ich schwieg und sah mit weit aufgerissenen Augen meine glückliche Freundin an, und sie saß, ein wenig verlegen zwar, aber sehr vergnügt auf meines Onkels Schoß, wie wenn es sich so gehörte. Ihr kleines Mündchen drollig verziehend, bemühte sie sich, ihrem runden, kindlichen Gesichtchen den Ausdruck von Ernst und Aufmerksamkeit zu geben. Sie war ganz echauffiert, sogar der Hals und die nackten Arme waren gerötet.
Ich sah sie lange an und plötzlich – ich schwöre, ich weiß noch heute nicht, wie es geschah – ereignete sich etwas Entsetzliches. Gerade als hätte mich jemand gestoßen und ohne zu wissen, was ich tat, mir selbst ganz unerwartet, grub ich plötzlich meine Zähne in ihren nackten vollen Arm oberhalb des Ellenbogens und biß so heftig zu, daß er zu bluten anfing.

Mein Überfall geschah so plötzlich, so unerwartet, daß wir alle drei im ersten Augenblick wie versteinert waren und einander nur schweigend anstarrten. Dann weinte Olga plötzlich auf, und das brachte uns zur Besinnung. Scham, bittere verzweifelte Scham überfiel mich. Ich lief Hals über Kopf aus dem Zimmer.

»Abscheuliches, böses Mädchen!« hörte ich des Onkels erzürnte Stimme.

Meine Zuflucht in allen gefährlichen Situationen meines Lebens war gewöhnlich das Zimmer, das früher Maria Wassiliewna gehörte und jetzt die Njanja bewohnte. Dort suchte ich auch jetzt Schutz und Hilfe. Den Kopf in den Schoß der guten Alten verbergend, schluchzte ich lange und heftig, und die Njanja, als sie mich so völlig aufgelöst sah, befragte sie mich nicht erst, sondern streichelte mir das Haar und überhäufte mich mit Kosenamen. »Gott mit dir, mein Vögelchen! Beruhige dich, mein Schatz!« sprach sie zu mir, und es tat mir so wohl, mich in meiner Aufregung gehörig in ihrem Schoß auszuweinen.

Zum Glück war die Gouvernante an jenem Abend nicht zu Hause; sie war für einige Tage zu Nachbarn gefahren. Deshalb hatte ich Ruhe und konnte ungestört bei der Njanja bleiben. Als ich ein wenig ruhiger wurde, reichte sie mir Tee und brachte mich zu Bette, und ich verfiel sofort in einen festen, bleiernen Schlaf.

Als ich am nächsten Morgen erwachte und mich des Vorfalls vom vergangenen Tag erinnerte, schämte ich mich aufs neue so sehr, daß es mir unmöglich schien, einem Menschen in die Augen zu sehen.

Indessen lief alles besser, als ich erwartete. Olga war noch an demselben Abend fortgebracht worden. Sie war offenbar so edel gewesen, sich nicht über mich zu beklagen. An den Gesichtern der anderen ließ sich erkennen, daß niemand von der Sache wußte. Niemand machte mir Vorwürfe, niemand neckte mich. Auch der Onkel gab sich den Anschein, als sei nichts Besonderes vorgefallen.
Seltsamerweise änderte sich mit jenem Tage mein Gefühl für den Onkel völlig. Die Abendunterhaltungen wurden nicht mehr aufgenommen. Der Onkel reiste bald nach dieser Episode nach Petersburg zurück.
Obgleich wir einander später öfter begegneten und er immer sehr gütig zu mir war und ich ihn sehr gern hatte, empfand ich für ihn doch nicht mehr die abgöttische Liebe von einst.

VII

Meine Schwester

Unvergleichlich stärker als alle anderen Einflüsse, die auf meine Kindheit einwirkten, war der meiner Schwester Anjuta. Das Gefühl, das ich von früh an für sie empfand, war ein sehr kompliziertes: ich bewunderte sie über die Maßen, unterwarf mich ihr in jeder Hinsicht ohne Widerspruch, und fühlte mich jedesmal sehr geehrt, wenn sie geruhte, mich an etwas, das sie beschäftigte, teilnehmen zu lassen. Für meine Schwester wäre ich durch Feuer und Wasser gegangen; aber trotz meiner innigen Liebe zu ihr nistete gleichzeitig in der Tiefe der Seele ein geheimer Neid, jene besondere Art von Neid, den wir so oft, fast unbewußt, Menschen gegenüber empfinden, die uns sehr nahestehen, die wir heiß bewundern und die wir in allem nachahmen möchten.

Indessen war es höchst unbegründet, meine Schwester zu beneiden, weil ihr Los alles andere als beneidenswert war.

Meine Eltern zogen gerade zu der Zeit, als sie aus dem Kindesalter entwuchs, für immer aufs Land. Nicht lange danach entbrannte der polnische Aufstand, und da unser Haus hart an der russisch-litauischen Grenze lag, drang der Widerhall dieses Aufstandes auch bis zu uns. Die meisten Gutsbesitzer der Nachbarschaft, insbesondere die wohlhabendsten und gebildesten, waren Polen: viele von ihnen hatten sich mehr oder minder verdächtig gemacht; einigen wurden die Güter konfisziert; fast alle mußten Kontribution entrichten; viele von ihnen verließen freiwillig ihre Güter und zogen ins Ausland. In den Jahren nach dem polnischen Aufstand gab es fast gar keine jungen Leute in unserer Gegend; sie waren verschwunden – irgendwohin. Es blieben bloß Kinder zurück und müßige, ängstliche Greise, die sich vor dem eigenen Schatten fürchteten; dazu waren noch allerhand Leute gekommen – Beamte, Kaufleute und Kleinadel.

Es ist begreiflich, daß sich unter solchen Verhältnissen das Landleben für ein junges Mädchen nicht sehr heiter gestaltete. Auch konnte Anjuta bei ihrer bisherigen Erziehung keinen Hang zu ländlichen Zerstreuungen entwikkeln. Sie liebte weder Spaziergänge, noch Pilzesammeln oder Bootfahren. Außerdem ging die Anregung zu solchen Vergnügungen stets von der englischen Gouvernante aus; die Feindschaft zwischen ihr und Anjuta war nun so groß, daß bloß die eine einen Vorschlag zu machen brauchte, auf daß die andere ihn sofort heftig abwies.

Einen Sommer lang machte Anjuta mit wahrer Leidenschaft Spazierritte; allein das geschah nur, um die Heldin eines Romans, den sie damals las, nachzuahmen. Da sich für sie kein geeigneter Begleiter fand, wurde sie der einsamen Ausritte in Begleitung eines langweiligen Pferdeknechts bald überdrüssig; ihr Reitpferd, das sie auf den romantischen Namen »Frieda« getauft hatte, trug bald wieder den Verwalter über die Felder, und bekam auch seinen früheren Namen »Galubka« zurück.

Es war nicht einmal die Rede davon, daß die Schwester sich etwa mit der Hauswirtschaft beschäftigte, so unsinnig wäre ein solcher Vorschlag ihr selbst, sowie allen anderen erschienen. Ihre ganze Erziehung war darauf gerichtet gewesen, sie zu einer glänzenden Dame der Gesellschaft zu machen. Ungefähr von ihrem siebenten Lebensjahre an war sie gewohnt, auf allen Kinderbällen, zu denen man sie oft führte, solange die Eltern in größeren Städten wohnten, die Königin zu sein. Papa war sehr stolz auf ihre Kindererfolge, und man erzählte in unserer Familie geradezu legendäre Geschichten über sie.

»Man kann unsere Anjuta, wenn sie einmal erwachsen ist, ohne weiteres bei Hofe einführen! Sie wird alle Prinzen um den Verstand bringen!« sagte der Vater manchmal, gleichsam im Scherz; schlimmer war nur, daß nicht bloß wir jüngeren Kinder, sondern auch Anjuta selbst diese Worte ernst nahmen.

Als Kind war Anjuta außergewöhnlich hübsch; schlank gewachsen, mit prächtiger Gesichtsfarbe und einer Fülle blonder Haare, konnte sie wirklich als eine Schönheit gelten; überdies besaß sie einen eigenartigen Charme. Sie wußte nur zu gut, daß sie in anderer Umgebung die erste Rolle spielen könnte – und nun kam plötzlich: Dorf, Stille, Langeweile.

Sie machte dem Vater oft mit Tränen in den Augen Vorwürfe, daß er sie zum Aufenthalt auf dem Lande zwinge. Anfangs scherzte der Vater darüber, dann wurde er nicht müde, ihr genau nachzuweisen und zu erklären, es sei bei den gegenwärtigen bösen Zeiten die Pflicht jedes Gutsbesitzers, auf seinem Gut zu leben. Es jetzt verlassen, hieße die ganze Familie zugrunde richten. Anjuta konnte auf diese Argumente nichts erwidern. Sie wußte bloß, daß ihr davon nicht leichter ums Herz wurde, daß ihre Jugend sich nicht noch einmal wiederholte. Nach solchen Gesprächen ging sie in ihr Zimmer und weinte bitterlich.

Im übrigen schickte der Vater einmal jährlich, gewöhnlich während des Winters, die Mutter und Schwester für einen Monat oder sechs Wochen nach Petersburg zu den Tanten. Diese Reisen, die viel Geld kosteten, brachten eigentlich keinen Nutzen. Sie weckten in Anjuta bloß den Hang nach Vergnügungen und befriedigten ihn nicht. Ein Monat in Petersburg verstrich immer so rasch, daß sie kaum zu sich kommen konnte. Einem Menschen, der sie zu ernstem Denken angeregt hätte, begegnete sie in der Gesellschaft, in die man sie führte, nicht. Ein passender Bräutigam stand auch nicht in Aussicht. Man bestellte ihr Toiletten, führte sie dreimal ins Theater oder auf den Ball im Adelssaal; einer von den Verwandten veranstaltet ihr zu Ehren einen Abend, man macht ihr Komplimente über ihre Schönheit. Und dann, wenn sie kaum an all dem Geschmack zu finden beginnt, bringt man sie nach Palibino zurück, und wieder fängt für sie die Einsamkeit an, der Müßiggang, die Langeweile, das stundenlange Umherwandern durch die großen Räume des Hauses in Palibino. Sie durchlebt im Geiste noch einmal die Freuden, die sie kürzlich genossen, und leidenschaftliche, phantastische Illusionen von künftigen Erfolgen.

Um die Öde ihres Lebens wenigstens einigermaßen auszufüllen, ersann sie erkünstelte Schwärmereien, und da das Leben unserer Familie gleichfalls sehr einförmig verlief, warfen sich alle mit Eifer darauf und sahen einen willkommenen Anlaß zu Gesprächen und Disputen. Die einen tadelten Anjuta, die anderen stimmten ihr zu, allen aber bereitete sie damit eine angenehme Abwechslung im gewohnten Einerlei des alltäglichen Lebens.

Als Anjuta das bedeutungsvolle fünfzehnte Lebensjahr erreicht hatte, war die erste Tat ihrer neuen Selbständigkeit, daß sie sich auf alle Romane stürzte, die sich in unserer Bibliothek vorfanden, und sie in unglaublichen Mengen verschlang. Zum Glück gab es bei uns gar keine »bösen« Romane, wogegen es an schlechten und talentlos geschriebenen nicht mangelte. Unsere Bibliothek bestand vornehmlich aus einer großen Anzahl alter englischer Romane, vorzugsweise historischer, die zumeist im Mittelalter auf Ritterburgen spielten. Für meine Schwester waren diese Romane ein willkommener Fund. Sie führten sie in eine wunderbare, ihr bisher unbekannt gewesene Welt ein und gaben ihrer Phantasie eine neue Richtung. Bei ihr wiederholte sich das, was viele Jahrhunderte vorher dem armen Don Quixote widerfahren war: sie glaubte an Ritter und hielt sich selbst für ein Fräulein des Mittelalters.

Unglücklicherweise war unser Gutshof groß und massiv, mit Türmen und gotischen Fenstern, und hatte einige Ähnlichkeit mit einem mittelalterlichen Schloß. Während ihrer Ritterperiode konnte die Schwester nicht einen

Brief schreiben, ohne ihn mit der Anschrift »Château Palibino« zu versehen. Sie befahl, das obere Turmzimmer, welches so lange nicht mehr benutzt worden war, daß sogar die festgefügten Stufen der Treppe geborsten waren und schwankten, vom Staub und Spinngewebe zu reinigen, bekleidete die Wände mit alten Teppichen und Wappen, die sie in dem Gerümpel auf dem Dachboden hervorgesucht hatte, und erwählte diesen Raum zu ihrem beständigen Aufenthaltsort.

Heute noch sehe ich ihre geschmeidige, hohe Gestalt vor mir in einem fest anliegenden, weißen Kleid, mit den zwei schweren, blonden Zöpfen, die tief über den Gürtel hingen. In diesem Kostüm sitzt die Schwester vor dem Rahmen und stickt das Familienwappen des Königs Matthias Corvinus mit Perlen auf Canevas oder blickt zum Fenster auf die Landstraße hinaus, ob der Ritter nicht kommt.

»Soeur Anne, soeur Anne! Ne vois tu rien venir?«

»Je ne vois que la terre qui poudroit, qui verdoit!«

Statt des Ritters kam der Kreisrichter, kamen die Steuerbeamten, kamen die Juden, um dem Vater Schnaps und Ochsen abzukaufen – von einem Ritter keine Spur. Das Warten wurde ihr endlich langweilig, und die Ritterperiode verstrich bei ihr ebenso schnell, wie sie gekommen war.

Zu der Zeit, als sie, noch unbewußt, der Ritterromane überdrüssig zu werden begann, fiel ihr der überspannte englische Roman »König Harold« in die Hände.

Nach der Schlacht von Hastings fand Edith Schwanenhals unter den gefallenen Kriegern ihren Geliebten, König Harold. Vor Beginn der Schlacht hatte er einen Meineid geschworen und starb mit dieser Todsünde, ohne Buße tun zu können. Seit diesem Tage war Edith aus ihren heimatlichen Gauen verschwunden, und keiner ihrer Angehörigen hörte jemals wieder von ihr. Viele Jahre verstrichen, und niemand erinnerte sich ihrer.

Auf der England gegenüberliegenden Küste steht mitten zwischen wilden Felsen und Wäldern ein wegen seiner strengen Ordensregeln bekanntes Kloster. Dort lebt seit langen Jahren eine Nonne, die sich das Gelübde ewigen Schweigens selbst auferlegt hat. Alle Klosterleute sind von ihren gottesfürchtigen Handlungen entzückt. Sie kennt keine Ruhe, nicht bei Tag, noch bei Nacht; in den frühen Morgenstunden und in der stillen Mittagszeit sieht man ihre kniende Gestalt vor dem Gekreuzigten in der Klosterhalle. Überall, wo es gilt, eine Pflicht zu erfüllen, Hilfe zu leisten, Leiden zu mildern – überall erscheint sie als erste. Kein einziger Mensch stirbt in der Umgegend, ohne daß sich über sein Sterbebett die hohe Gestalt der bleichen Nonne beugt, ohne daß ihre blutlosen Lippen, die vom furchtbaren Gelübde ewigen Schweigens geschlossen sind, seine schon vom kalten Todesschweiß bedeckte Stirn berühren.

Aber niemand weiß, wer sie ist, woher sie kam. Vor zwanzig Jahren war an der Klosterpforte eine in einen schwarzen Mantel gehüllte Frau erschienen, und sie blieb nach einer langen, geheimnisvollen Überredung mit der Äbtissin für immer da. Die Äbtissin von damals ist längst tot. Die bleiche Nonne geht hier noch immer wie ein Schatten umher. Niemand von den jetzt im Kloster

Lebenden hat je den Klang ihrer Stimme vernommen. Die jungen Nonnen und die Armen der ganzen Umgegend neigen sich vor ihr, wie vor einer Heiligen. Mütter bringen ihr die kranken Kinder in der Hoffnung, daß sie sie mit einer einzigen Berührung heilen werde. Es gibt auch Leute, die meinen, sie müsse in ihrer Jugend sicher eine große Sünderin gewesen sein, daß sie mit einer solchen Selbstverleugnung für ihre Vergangenheit büßen muß.

Endlich nach vielen, vielen Jahren der Sühne und demutvollen Wirkens kommt ihre Todesstunde. Alle Nonnen, die jungen und die alten, drängen sich an ihr Sterbelager; die Mutter Äbtissin selbst, die längst nicht mehr gehen kann, läßt sich in ihre Zelle tragen.

Da tritt der Priester ein. Vermöge der Macht, die ihm unser Herr Jesus Christus gegeben, entbindet er die Sterbende vom Gelübde ewigen Schweigens, das sie sich auferlegt, und ermahnt sie, ihm vor dem Ende zu bekennen, wer sie sei, welche Sünde, welches Verbrechen auf ihr laste.

Die Sterbende erhebt sich mühsam vom Lager. Ihre blutleeren Lippen sind vom langen Schweigen wie versteinert und der menschlichen Sprache entwöhnt; einige Sekunden lang zucken sie lautlos, krampfhaft und mechanisch. Endlich beginnt die Nonne, dem Befehl des geistlichen Vaters gehorchend, zu sprechen; ihre Stimme, die sie im Laufe von zwanzig Jahren nicht gebraucht hat, klingt dumpf und unnatürlich.

»Ich bin Edith!« bringt sie mühsam hervor. »Ich bin die Braut des unglücklichen Königs Harold!«

Beim Nennen dieses Namens, der von allen gottesfürchtigen Dienern der Kirche verwünscht wird, bekreuzigen sich die entsetzten Nonnen.

Der Priester aber spricht: »Meine Tochter, du hast auf Erden einen großen Sünder geliebt. König Harold trägt den Fluch unserer gemeinsamen heiligen Mutter – der katholischen Kirche –, und niemals wird ihm Vergebung werden; er wird ewig im Höllenfeuer brennen. Aber Gott sah deine Demut, und nimmt deine Buße und deine Tränen an. Zieh hin in Frieden! Dich erwartet im Paradies ein anderer, unsterblicher Bräutigam!«

Die hohlen, wachsgelben Wangen der Sterbenden überzieht plötzlich eine Röte. In ihren längst erloschenen Augen flackert ein leidenschaftliches Feuer auf.

»Ich will kein Paradies ohne Harold!« ruft sie zum Schrecken aller Nonnen aus. »Wenn Harold nicht vergeben wurde, so mag Gott auch mich nicht zu sich rufen!«

Die Nonnen schweigen, starr vor Entsetzen, Edith aber läßt sich mit übermenschlicher Anstrengung vom Sterbelager herab, und das Antlitz dem Gekreuzigten zukehrend, ruft sie mit ihrer gebrochenen, fast nicht mehr irdischen Stimme aus: »Großer Gott, für das nur Stunden währende Leiden deines Sohnes nahmst du von der ganzen Menschheit die Sündenschuld. Ich aber sterbe seit zwanzig Jahren täglich, stündlich einen langsamen, qualvollen Tod. Du sahst, kennst meine Leiden. Habe ich mir dadurch vor dir ein Verdienst erworben, dann sei Harold gnädig! Gib mir vor dem Tod ein Zeichen: wenn wir das Vaterunser beten, so laß die Kerze vor dem Erlöser sich selbst entzünden. Dann werde ich wissen, daß Harold Vergebung wurde!«

Der Priester liest das Vaterunser. Feierlich und deutlich spricht er jedes Wort aus. Die Nonnen, jung und alt, wiederholen flüsternd das heilige Gebet. Es gibt unter ihnen keine, die nicht von Mitleid für die unglückliche Edith erfüllt wäre, die nicht gern ihr eigenes Leben für Harold hingäbe.

Edith liegt auf dem Boden hingestreckt. Ihr Körper windet sich schon in Todeskrämpfen; nur noch in ihren Augen, die sich auf den Gekreuzigten richten, glimmt ein Funke Leben.

Die Kerze entzündet sich noch immer nicht.

Der Priester ist mit dem Gebet zu Ende. »Amen!« sagt er mit trauriger Stimme.

Das Wunder ist nicht geschehen. Harold fand keine Gnade. Den Lippen der gottesfürchtigen Edith entringt sich ein wehklagender Fluch, und ihr Blick erlischt für immer.

Dieser Roman bewirkte eine tiefe Wandlung in der Seele meiner Schwester. Zum erstenmal im Leben erschienen deutlich die Fragen: Gibt es ein künftiges Leben? Endet denn alles mit dem Tode? Begegnen sich zwei liebende Wesen im Jenseits?

Mit demselben übertriebenen Eifer, den sie bei allem zeigte, was sie unternahm, vertiefte sie sich gänzlich in diese Fragen, als ob sie die erste sei, die sich jemals mit solchen Problemen beschäftigt hätte. Es erschien ihr unzweifelhaft, daß sie nicht leben könne, ohne eine Antwort auf ihre Fragen zu finden.

Es war ein herrlicher Sommerabend; die Sonne ging unter, die Hitze schwand allmählich, und in der Luft war alles so wundervoll harmonisch und schön. Durch die geöffneten Fenster drang der Duft der Rosen und des gemähten Grases herein. Von den Ställen her hörte man das Brüllen der Kühe, das Blöken der Schafe, die Stimmen der Knechte – all die verschiedenen Laute eines Sommerabends auf dem Lande, und durch die Entfernung so gedämpft, daß der Eindruck einer allumfassenden Harmonie sich noch verstärkte.
In meiner Seele war es besonders hell und freudig. Ich wagte es, für einen Augenblick, der wachsamen Aufsicht der Gouvernante zu entschlüpfen und lief pfeilschnell nach oben in das Turmzimmer, um nachzusehen, was meine Schwester dort trieb. Und was erblickte ich?
Die Schwester liegt mit aufgelöstem Haar auf dem Sofa, von den Strahlen der untergehenden Sonne überflutet, und schluchzt laut, schluchzt so, daß man glauben könnte, die Brust berste ihr. Erschrocken laufe ich auf sie zu.
»Anjutitschka, was hast Du?« Aber sie antwortet nicht, macht bloß eine Bewegung mit der Hand: ich möge hinausgehen und sie in Ruhe lassen. Ich dränge mich noch mehr an sie. Sie antwortet lange nicht, endlich erhebt sie sich und spricht mit schwacher, wie mir schien, ganz gebrochener Stimme:
»Du wirst ohnehin nicht begreifen . . . ich weine nicht über mich, sondern über uns alle. Du bist noch ein Kind, Du brauchst dich noch nicht mit so ernsten Dingen abzuquälen; auch ich war einmal glücklich, allein dieses

herrliche, dieses grausame Buch« – sie weist auf Bulwers Roman – »ließ mich tiefer in das Geheimnis des Lebens blicken. Da begriff ich, wie eitel alles das ist, nach dem wir streben. Das glänzendste Glück, die feurigste Liebe – alles endet mit dem Tod. Und was uns dann erwartet und ob uns überhaupt etwas erwartet, wissen wir nicht und werden es nie, nie erfahren! O, das ist entsetzlich, entsetzlich!« Sie beginnt wieder zu schluchzen und verbirgt den Kopf in den Sofakissen.

Die aufrichtige Verzweiflung eines sechzehnjährigen Mädchens, das durch die Lektüre eines exaltierten englischen Romans zum ersten Mal auf den Gedanken an den Tod gebracht wird, diese an die zehnjährige Schwester gerichteten pathetischen Worte hätten einen Erwachsenen sicherlich nur lächeln gemacht. Mir aber erstarb das Herz vor Entsetzen, und meine Ehrfurcht vor der Bedeutung und dem Ernst der Gedanken, welche Anjuta beschäftigten, war grenzenlos. Die ganze Schönheit des Sommerabends verschwand plötzlich für mich, und ich schämte mich jener grundlosen Fröhlichkeit, die eine Minute vorher noch mein ganzes Wesen erfüllte.

»Aber wir wissen doch, daß Gott existiert und daß wir nach dem Tode zu ihm gehen«, versuchte ich einzuwenden. Die Schwester sah mich zärtlich an – wie ein Erwachsener ein Kind.

»Ja, du hast dir noch den kindlichen, reinen Glauben bewahrt. Wir werden davon nicht mehr sprechen«, sagte sie sehr traurig, gleichzeitig aber von einem solchen Bewußtsein ihrer Überlegenheit erfüllt, daß ich mich meiner Worte schämte.

Seit jenem Abend trat eine große Veränderung bei meiner Schwester ein. Tagelang ging sie sanft-traurig umher, in ihrem ganzen Gehaben die Lossagung von allen irdischen Freuden bekundend. Alles in ihr sprach: *memento mori!* Vergessen waren die Ritter und die schönen Damen mit den Liebesturnieren. Wozu lieben, wozu wünschen, wenn alles mit dem Tode endet!

Die Schwester rührt keinen englischen Roman mehr an; sie sind ihr alle zuwider. Dagegen verschlingt sie gierig die »Nachfolge Christi« und beschließt, ähnlich wie Thomas a Kempis, durch Selbstverleugnung und Entsagung alle in ihrer Seele aufkeimenden Zweifel zu ersticken.

Den Dienstboten zeigt sie sich in einer noch nicht dagewesenen Weise sanft und nachsichtig. Bitte ich oder der jüngere Bruder um irgend etwas, so brummt sie uns nicht an, wie es früher geschah, sondern erfüllt unsere Wünsche sofort, aber mit einer so seelenzerknirscht entsagenden Miene, daß sich mir das Herz zusammenzieht und mir alle Heiterkeit vergeht.

Alle im Hause achten ihre gottesfürchtige Stimmung und behandeln sie zärtlich und behutsam wie ein Kind oder einen Menschen, der ein schweres Leid zu tragen hat. Bloß die Gouvernante zuckt ungläubig mit den Schultern, und der Vater macht sich bei Tisch über *son air ténébreux* lustig. Aber die Schwester trägt ergeben den Spott des Vaters und begegnet der Gouvernante mit ausgesuchter Höflichkeit, was diese fast noch mehr ärgert als Anjutas frühere Ungezogenheiten. Wenn ich meine Schwester in solchem Zustand sehe, kann mich gar nichts freuen; ich schäme mich sogar, daß ich nicht genügend leide, und im Geheimen beneide ich meine Schwester wegen der Kraft und Tiefe ihres Gefühls.

Diese Stimmung dauert jedoch nicht lange. Es näherte sich der fünfte September, der Namenstag unserer Mutter, der bei uns stets feierlich begangen wurde. Alle Nachbarn im Umkreis von fünfzig Werst kamen zu uns; es versammelten sich an hundert Personen, und seit jeher wurde an diesem Tage etwas Besonderes veranstaltet: Feuerwerk, lebende Bilder oder eine kleine Theateraufführung. Die Vorbereitungen begannen natürlich lange vorher.

Meine Mutter war eine Freundin von Liebhaberaufführungen und spielte selbst sehr gut und mit großer Leidenschaft. Man hatte für dieses Jahr eine regelrechte Bühne gebaut, mit Kulissen, einem Vorhang und Dekorationen. In der Nachbarschaft wohnten einige alte, eingefleischte Theaterfreunde, die man stets als Schauspieler anwerben konnte. Die Mutter wollte für ihr Leben gern, daß in ihrem Hause Theater gespielt würde, allein da sie bereits Mutter einer erwachsenen Tochter war, schien es ihr unpassend, für die Sache zuviel Eifer zu zeigen; sie wünschte, es solle alles das so bewerkstelligt werden, als geschähe es Anjuta zuliebe. Aber Anjuta hatte sich gerade damals besonders in ihre Nonnenstimmung hineingelebt.

Ich erinnere mich, wie vorsichtig und zaghaft die Mutter zu Werke ging und sich bemühte, Anjuta für den Gedanken einer Liebhaberaufführung zu gewinnen. Anjuta gab nicht sofort nach; anfangs bekundete sie große

Verachtung für solche Veranstaltungen: »Was hat das alles für einen Sinn!« Endlich willigte sie ein, allerdings mit einer Miene, als füge sie sich nur den Wünschen der anderen.

Als die Teilnehmer versammelt waren, ging man an die Wahl des Stückes. Es ist bekanntlich keine leichte Sache; das Stück soll unterhalten, aber nicht zu frei sein und nicht viel Ausstattung benötigen. Man einigte sich schließlich auf das Vaudeville »Les oeufs de Perette«.

Anjuta sollte nun, wo sie erwachsen war, zum ersten Mal beim Theaterspielen mitmachen. Selbstverständlich wies man ihr die Hauptrolle zu. Die Proben begannen; und Anjuta zeigte ein beachtliches schauspielerisches Talent.

Und siehe da, die Todesfurcht, das Ringen um Wahrheit gegen die Zweifel, die Angst vor dem geheimnisvollen Danach – alles verschwand. Vom Morgen bis zum Abend ertönte im ganzen Hause die helle Stimme Anjutas, die französische Couplets sang.

Nach dem Namensfest der Mutter weinte Anjuta wieder bitterlich, aber bereits aus einem ganz anderen Grunde. Der Vater wollte ihrer inständigen Bitte, sie in eine Theaterschule zu bringen, nicht nachgeben, und sie fühlte doch, daß sie zur Schauspielerin berufen sei . . .

VIII

Zur Zeit, da Anjuta von Rittern träumte und bittere Tränen über das Schicksal Harolds und Ediths vergoß, war fast die gesamte intelligente Jugend des übrigen Rußland von ganz anderen Strömungen, von ganz anderen Idealen erfaßt. Deshalb kann Anjutas Begeisterung vielleicht als Anachronismus erscheinen. Aber jenes weltentrückte Winkelchen, in dem unser Gut lag, war so weit vom Zentrum, so feste, hohe Mauern trennten Palibino von der Außenwelt, daß die mächtigen Wellen neuer geistiger Strömungen erst lange Zeit, nachdem sie sich im offenen Meer erhoben hatten, unsere kleine, friedliche Bucht erreichten. Waren sie aber endlich bis zu unserem Ufer gelangt, so ergriffen sie Anjuta auch im Nu und rissen sie mit sich.

Wie und woher und auf welche Weise in unserem Hause neue Ideen auftauchten, ist schwer zu sagen. Bekanntlich gehört es zu den Eigentümlichkeiten einer jeden Übergangsperiode, wenig Spuren zu hinterlassen. Wenn beispielsweise der Paläontologe einen geologischen Querschnitt macht und in demselben eine Menge versteinerter Reste einer sehr charakteristischen Fauna und Flora findet, kann er sich mit Hilfe seiner Vorstellungskraft ein vollständiges Bild der damaligen Erdbeschaffenheit entwerfen; wendet er sich einer höher gelegenen Schicht zu, findet er eine ganz andere Formation, ganz neue Tier- und Pflanzengattungen. Aber wie sie entstanden, wie sie sich aus dem Vorhergegangenen entwickelt haben, kann er oft nicht sagen. Versteinerte Exemplare völlig entwickelter Typen finden sich überall in Menge, die Museen sind voll davon; ein Paläontologe aber ist überglücklich, wenn es ihm gelingt, irgendwo einen Schädel, einige Zähne, einzelne Knochen eines Übergangstypus auszugraben, mit deren Hilfe er sich in Gedanken jenen Weg rekonstruieren kann, auf dem die Entwicklung in etwa vor sich ging. Man könnte fast annehmen, daß die Natur selbst alle Spuren ihrer Arbeit tilgt und ausmerzt und sich bloß mit ihren vollendeten Schöpfungen zeigen will und jede Erinnerung an ihre ersten, primitiven Versuche erbarmungslos vernichtet.

Die Bewohner von Palibino lebten friedlich und still, wuchsen heran und wurden alt, zankten und versöhnten sich wieder miteinander, debattierten zum Zeitvertreib über den einen oder den anderen Zeitungsartikel, die eine oder die andere wissenschaftliche Entdeckung, waren jedoch völlig überzeugt, daß alle diese Fragen einer fremden, ihnen fernen Welt angehörten und niemals mit ihrem persönlichen Leben in eine unmittelbare Berührung kommen würden. Da plötzlich erschienen die Vorzeichen einer seltsamen Gärung, die allmählich näher und näher rückte und die ganze Ordnung ihres patriarchalischen Lebens zu untergraben drohte. Und die Gefahr schien nicht nur von einer Seite herzukommen, sondern überall auf einmal aufzutreten.

Man kann wohl sagen, daß in dieser Periode, vom Beginn

der sechziger Jahre, bis zum Beginn der siebziger Jahre, die Intelligenz der russischen Gesellschaft nur mit der einen Frage beschäftigt war: mit dem Konflikt zwischen der alten und der jungen Generation. Zu jener Zeit konnte man fast in allen adeligen Familien dasselbe hören: die Eltern haben sich mit den Kindern entzweit. Und nicht wegen materieller Ursachen entstanden die Streitigkeiten, sondern einzig und allein wegen Fragen rein theoretischen und abstrakten Charakters: sie stimmten in ihren Überzeugungen nicht überein. Nur darum handelte es sich; aber dieses »nur« genügte vollkommen, um die Kinder zu bestimmen, ihre Eltern zu verlassen, und die Eltern, sich von den Kindern loszusagen.

Wie eine Epidemie erfaßte damals die Jugend, namentlich die Mädchen, der Drang, aus dem Elternhause zu laufen. Bis jetzt war Gottseidank alles in unserer unmittelbaren Nähe ruhig geblieben, aber aus anderen Orten kamen schon Gerüchte, daß bald bei dem einen, bald bei dem anderen Gutsbesitzer die Tochter davongelaufen war, die eine ins Ausland, um zu studieren, die andere nach Petersburg zu den »Nihilisten«.

Den größten Schrecken bereiteten allen Eltern und Vorgesetzten jene mysteriösen Kreise, die sich dem Hörensagen nach in Petersburg gebildet haben sollten. Dahin – so versicherte man wenigstens – wurden die jungen Mädchen, welche das Elternhaus verlassen wollten, angeworben. Die jungen Leute beiderlei Geschlechts lebten da in völligem Kommunismus. Dienstboten gab es nicht, und die vornehmen, adeligen jungen Damen mußten eigenhändig die Diele aufwaschen und die Samoware putzen. Selbstverständlich war keiner von denen, die diese Gerüchte verbreiteten, je in einer solchen Kommune gewesen. Wo sie sich befanden und wie sie überhaupt in Petersburg unter den Augen der Polizei existieren konnten, wußte niemand genau. Nichtsdestoweniger aber wurde das Vorhandensein solcher Kommunen von keinem bezweifelt.

Bald jedoch konnte man diese Zeichen der neuen Zeit in unserer nächsten Nachbarschaft wahrnehmen. Der Pope unseres Dorfes, Vater Philipp, hatte einen Sohn, der früher die Herzen seiner Eltern durch Sittsamkeit und Gehorsam erfreute. Kaum hatte er aber das Seminar als einer der besten Schüler absolviert, verwandelte sich dieser musterhafte Jüngling mit einemmal in einen ungeratenen Sohn und weigerte sich kurzweg, Geistlicher zu werden, wiewohl er bloß die Hand auszustrecken brauchte, um eine einträgliche Pfarre zu bekommen. Seine Eminenz, der Bischof selbst, berief ihn zu sich und beschwor ihn, den Schoß der Kirche nicht zu verlassen, wobei er ihm deutliche Anspielungen machte: er brauche nur zu wollen, so würde er Pope in Iwano, einem der reichsten Dörfer des Gouvernements. Natürlich müßte er vorher eine der Töchter des Vorgängers heiraten, weil es von altersher so Brauch sei, daß der Pfarrer sozusagen als Mitgift eine der Töchter des seligen Väterchens bekomme. Aber auch diese Aussicht konnte den jungen Popensohn nicht verlocken. Er zog es vor, nach Petersburg zu reisen, auf eigene Kosten in die Universität einzutreten und sich einem vierjährigen Studium zu widmen, wenn auch nur bei Tee und trockenem Brot.

Der arme Vater Philipp kränkte sich sehr über die Halsstarrigkeit seines Sohnes, hätte sich aber noch immer trösten können, wenn dieser sich für die aussichtsreiche juristische Fakultät entschieden hätte. Er aber wählte statt dessen die Naturwissenschaften und kam in den ersten Ferien mit den abgeschmackten Ideen nachhause, daß der Mensch vom Affen abstamme und daß Professor Sutschenow bewiesen habe, es gäbe keine Seele, sondern bloß Reflexe; und das bestürzte Väterchen griff nach dem Weihwasserkessel und besprengte den Sohn.

Wenn er früher aus dem Seminar zur Ferienzeit nach Hause kam, ließ sich der junge Geistliche keines unserer Familienfeste entgehen; er erschien mit vielen Verbeugungen, saß, wie es seinem Alter und seinem Rang gemäß war, am unteren Ende der Festtafel und verzehrte mit Appetit den Namenstagkuchen, ohne je zu wagen, sich ins Gespräch zu mischen.

In diesem Sommer aber glänzte der jungen Popensohn am Namenstag, der kurz nach seiner Ankunft gefeiert wurde, durch Abwesenheit. Dafür aber stellte er sich an einem anderen Tage zu höchst ungelegener Zeit ein, und auf die Frage des Dieners, was er wünsche, erwiderte er, daß er gekommen sei, dem General eine Visite abzustatten.

Der Vater hatte schon so manches von dem »Nihilisten« gehört; es war ihm auch nicht entgangen, daß dieser an dem Namenstag fehlte, obgleich er sich den Anschein gab, einem so unbedeutenden Vorfall nicht die geringste Aufmerksamkeit zu schenken. Jetzt aber empörte es meinen Vater, daß der junge Grünschnabel sich erkühnte, bei ihm, wie bei seinesgleichen, als Gast zu erscheinen; und er beschloß, ihm eine gehörige Lektion zu geben. Er ließ ihm daher durch den Diener sagen, daß der General Bittsteller und Leute, die zu ihm geschäftlich kommen, bloß vormittags bis ein Uhr empfange.

Der getreue Ilja, der seines Herrn Worte immer sehr gut verstand, erfüllte den Befehl im Sinne des Generals, aber der junge Sohn des Popen wurde durchaus nicht verlegen und sagte im Fortgehen ziemlich ruhig: »Sage deinem Herrn, daß mein Fuß sein Haus von heute ab nicht mehr betreten wird.«

Ilja führte auch diesen Auftrag aus und man kann sich vorstellen, welches Aufsehen dieses Benehmen nicht nur bei uns, sondern auch in der ganzen Nachbarschaft erregte.

Was aber am meisten überraschte, war, daß Anjuta, als sie von dem Vorgefallenen hörte, aus freien Stücken ins Arbeitszimmer zum Vater lief und mit geröteten Wangen, atemlos vor Aufregung, hervorstieß: »Papa, warum hast du Alexei Philippowitsch so gekränkt? Das ist schrecklich, es ist unwürdig, einen anständigen Menschen so zu beleidigen.«

Der Vater sah sie mit erzürnten Blicken an. Sein Erstaunen war jedoch so groß, daß er im ersten Augenblick sogar nicht wußte, was er dem frechen Mädchen erwidern sollte. Übrigens legte sich Anjutas plötzlicher Anfall von Kühnheit im Nu, und sie begab sich rasch in ihr Zimmer.

Als der Vater sich von seinem Erstaunen erholt und alles reiflich überdacht hatte, sah er ein, daß es besser sei, dem

Ausfall seiner Tochter keine allzu große Bedeutung zu geben, sondern die Sache scherzhaft zu behandeln. Bei Tisch erzählte er in Anwesenheit Anjutas das Märchen von der Kaiserstochter, der es einfiel, für den Stallknecht einzutreten. Natürlich wurden sie und ihr Schützling furchtbar verspottet. Dies verstand der Vater meisterhaft, und wir alle fürchteten seinen Spott. Anjuta jedoch hörte das Märchen an, ohne sich im geringsten zu ärgern; sie zeigte im Gegenteil eine trotzige, herausfordernde Miene.

Ihren Protest gegen die Beleidigung, die man dem Popensohn zugefügt, drückte Anjuta dadurch aus, daß sie ihm überall – irgendwo, bei den Nachbarn oder auf Spaziergängen – zu begegnen suchte.

Der Kutscher Stepan erzählte einmal beim Abendbrot in der Gesindestube, er hätte mit eigenen Augen gesehen, wie das ältere Fräulein allein mit dem Popensohn durch den Wald spazierenging.

»Und was das für ein drolliger Anblick war! Das Fräulein geht schweigend und schwenkt mit den kleinen Händchen den Sonnenschirm hin und her. Und er stelzt mit seinen langen Beinen wie ein Kranich durch die Gegend. Und er redet fortwährend auf sie ein und fuchtelt mit den langen Armen in der Luft herum. Da, auf einmal zieht er ein zerfetztes Buch aus der Tasche und beginnt ihr laut vorzulesen, gerade wie wenn er sie unterrichten würde.«

Man muß sagen, daß der Popensohn wenig Ähnlichkeit hatte mit jenen Märchenprinzen und mittelalterlichen Rittern, von denen Anjuta noch kürzlich geträumt hatte.

Seine unschöne, lange Gestalt, der dünne, faltige Hals, das blasse Gesicht mit dem gelblich-rotem Haar, die großen, roten Hände mit den flachen, nicht immer tadellos gereinigten Nägeln, und vor allem seine unangenehme, äußerst gewöhnliche Art zu reden, die deutlich seine Herkunft vom Lande und seine Erziehung auf dem Seminar erkennen ließ, alles dies machte ihn nicht gerade zu einem sehr verführerischen Helden in den Augen eines jungen Mädchens von aristokratischen Gewohnheiten und Ansprüchen. Man konnte deshalb unmöglich annehmen, daß Anjutas Interesse für den Popensohn eine romantische Herzensneigung verriet; offenbar mußte der Grund in etwas anderem liegen.

Und in der Tat bestand die Anziehungskraft des jungen Mannes in Anjutas Augen hauptsächlich darin, daß er soeben aus Petersburg gekommen war und von dort die neuesten Ideen mitgebracht hatte. Obendrein hatte er sogar das Glück gehabt, mit eigenen Augen – wenn auch nur aus der Ferne – viele von jenen bedeutenden Menschen zu sehn, welchen die damalige Jugend große Verehrung entgegenbrachte. Das reichte vollkommen hin, um ihn sehr interessant erscheinen zu lassen.

Überdies konnte Anjuta von ihm auch noch verschiedene, ihr sonst unerreichbare Bücher bekommen. Bei uns im Hause hielt man von Zeitschriften bloß die konservativen, solidesten: *»Revue des deux Mondes«* und »Athenäum« von den ausländischen, *»Rusky Westnik«* von den einheimischen. Mit Rücksicht auf den zeitgenössischen Geschmack willigte der Vater schließlich ein, auch Dostojewskis »Epoche« zu abonnieren. Vom jungen Popensohn aber erhielt Anjuta Zeitschriften anderer Richtung: »Der Zeitgenosse« und »Das russische Wort«, von denen jede neue Nummer für die damalige Jugend ein Ereignis bedeutete. Einmal brachte er ihr sogar ein Heft der von Alexander Herzen herausgegebenen, in Rußland verbotenen »Glocke«.

Es läßt sich nicht behaupten, daß Anjuta sofort und ohne Kritik alle neuen Ideen aufgenommen hätte, die ihr Freund predigte. Viele von ihnen empörten sie, sie erschienen ihr zu radikal; sie lehnte sich gegen ihn auf und ließ sich in lange Dispute ein. Aber immerhin entwickelte sie sich unter dem Einfluß dieser Gespräche und durch die Lektüre der Bücher, die sie vom Pfarrerssohn erhielt, sehr rasch und veränderte ihr Wesen nicht täglich, sondern geradezu stündlich.

Gegen Herbst hatte sich der Popensohn bereits so gründlich mit seinem Vater entzweit, daß dieser ihn bat, abzureisen und in den nächsten Ferien nicht wieder zu kommen.

Aber der Samen, den er in Anjutas Geist gestreut, ging auf und entfaltete sich weiter. Sogar äußerlich veränderte sie sich; sie begann sich einfach zu kleiden – ein schwarzes Kleid mit glattem, kleinem Kragen – und trug das Haar glatt nach hinten gekämmt. Von Bällen und Ausfahrten sprach sie jetzt mit Verachtung. Am Morgen versammelte sie die Kinder des Gesindes um sich und lehrte sie lesen, und wenn sie auf den Spaziergängen den Dorfweibern begegnete, sprach sie diese an und unterhielt sich mit ihnen.

Das Erstaunlichste aber war, daß Anjuta, die früher so

ungern gelernt hatte, jetzt mit Leidenschaft alles mögliche studierte. Statt wie früher ihr Taschengeld für Luxusdinge und nichtigen Tand zu vergeuden, bestellte sie jetzt ganze Kisten voll Bücher, und zwar nicht Romane, sondern Bücher mit gelehrten Titeln: »Physiologie des Lebens«, »Geschichte der Zivilisation« und ähnliche. Einmal kam Anjuta zum Vater und äußerte das völlig unerwartete Verlangen, er solle sie allein nach Petersburg fahren und sie dort studieren lassen. Der Vater versuchte, ihre Bitte ins Scherzhafte zu ziehen, wie er es auch früher getan, als Anjuta sagte, sie wolle nicht mehr auf dem Lande leben. Indessen diesmal gab Anjuta nicht gleich nach. Weder der Scherz noch die spöttischen Sticheleien des Vaters machten auf sie einen Eindruck. Sie führte mit Eifer den Nachweis, daß, auch wenn ihr Vater auf dem Gut leben müsse, daraus noch lange nicht folge, daß auch sie sich in einem Dorf, wo es weder Beschäftigung noch Zerstreuung für sie gäbe, vergraben müsse. Der Vater wurde schließlich böse und schrie sie wie ein kleines Kind an: »Wenn du nicht selbst begreifen kannst, daß es Pflicht eines jeden anständigen Mädchens ist, bei ihren Eltern zu leben, bis sie heiratet, dann lohnt es sich wahrhaftig nicht, ein Wort an dich zu verlieren.« Anjuta sah ein, daß es nutzlos wäre, darauf zu beharren. Von jenem Tag an waren die Beziehungen zwischen ihr und dem Vater sehr gespannt; es trat eine gewisse Gereiztheit ein, sie wuchs mit jedem Tag. Bei den Mahlzeiten – und nur dort trafen sie noch zusammen – wandten sie sich fast nie zueinander, und in jedem ihrer Worte spürte man einen Stich oder eine bissige Nebenbedeutung.

Überhaupt tat sich jetzt in unserer Familie eine bisher nicht vorhanden gewesene Kluft auf. Zwar gab es auch früher nicht viele gemeinsame Interessen, aber jeder lebte für sich ruhig, ohne dem anderen größere Aufmerksamkeit zu schenken. Jetzt aber bildeten sich gleichsam zwei feindliche Lager. Die Gouvernante trat gleich bei Beginn als wütende Gegnerin aller neuen Ideen auf und taufte Anjuta »Nihilistin« und »Fräulein Fortschritt«. Die letztere Bemerkung klang aus ihrem Munde ganz besonders giftig. Sie fühlte instinktiv, daß Anjuta etwas im Schilde führe und bezichtigte sie der schändlichsten Absichten: sie wolle heimlich flüchten, sich mit dem Popensohn trauen lassen und der berüchtigten Kommune beitreten. Deshalb beobachtete sie jetzt wachsam und mißtrauisch jeden Schritt Anjutas. Als diese merkte, daß die Gouvernante immer hinter ihr herspionierte, umgab sie sich mit provozierender, beleidigender Geheimnistuerei.

Diese gespannte Atmosphäre in unserem Hause begann auch auf mich einzuwirken. Die Gouvernante, die schon immer jede vertrauliche Beziehung mit Anjuta mißbilligt hatte, begann mich nun vor dem »Fräulein Fortschritt« wie vor einer Seuche zu schützen. Sie verhinderte, soweit es ihr nur möglich war, daß ich mit der Schwester allein blieb, und jeden meiner Versuche, aus dem Arbeitszimmer hinauf in die Welt der Erwachsenen zu gelangen, sah sie als ein Verbrechen an.

Diese strenge Beaufsichtigung wurde mir schließlich unerträglich. Ich fühlte instinktiv, daß Anjuta jetzt neue, uns bisher völlig unbekannte Dinge beschäftigten, und ich wollte außerordentlich gern erfahren, um was es sich eigentlich handelte. Fast jedesmal, wenn ich unerwartet in Anjutas Zimmer trat, fand ich sie über ihren Schreibtisch gebeugt; ich bat sie einige Male, sie möge mir sagen, was sie schreibe; weil sie aber von der Gouvernante schon öfter zu hören bekommen hatte, daß nicht nur sie selbst auf Abwege geraten sei, sondern daß sie auch die Schwester mitziehen wolle, jagte sie mich aus Furcht vor immer neuen Vorwürfen immer fort.

»Ach, geh doch, ich bitte dich! Margareta Franzowna wird dich am Ende hier finden, dann bekommen wir beide etwas zu hören!« sagte sie ungeduldig.

Ich kehrte verstimmt ins Lehrzimmer zurück, empört gegen die Gouvernante, die Schuld daran trug, daß die Schwester mir nichts sagen wollte. Der armen Engländerin wurde es immer schwerer, mit ihrem Zögling fertig zu werden. Den Tischgesprächen entnahm ich hauptsächlich das eine, daß den Erwachsenen zu gehorchen nicht mehr Mode sei. So zeigte ich immer weniger Neigung, mich unterzuordnen, und es gab fast täglich Streit mit meiner Gouvernante. Nach einer besonders stürmischen Szene erklärte sie, daß sie nicht länger bei uns bleiben könne. Da solche Drohungen schon öfter vorgekommen waren, legte ich dieser anfangs wenig Bedeutung bei. Aber diesmal war die Sache ernst. Einerseits war die Gouvernante schon zu weit gegangen und konnte ihre Drohung nicht mehr mit Anstand zurücknehmen; andererseits waren alle der ewigen Szenen und Streitigkeiten schon so überdrüssig geworden, daß meine Eltern die Engländerin nicht mehr zurückhielten, in der Hoffnung, daß es ohne sie im Hause stiller werden würde. Aber bis zum Schluß glaubte ich nicht daran, daß die Gouvernante fortgehen würde, bis endlich der Tag der wirklichen Abreise herankam.

IX

Die Abreise der Gouvernante
Die ersten literarischen Versuche Anjutas

Seit dem frühen Morgen steht im Vorzimmer ein großer, altmodischer, mit Leinwand sorgfältig überzogener und gut verschnürter Koffer; an ihm hängen ein ganzes Sortiment kleiner Kartons, Körbchen, Säckchen und Bündel, ohne die eine alte Jungfer keine Reise antritt. Der altersschwache Tarantaß mit einem Dreigespann in einfachstem Geschirr, das der Kutscher Jakow immer verwendet, wenn eine weite Reise zu machen ist, wartet schon vor der Freitreppe. Die Dienstmädchen laufen hin und her, allerhand Kleinigkeiten geschäftig bringend und wegtragend; Papas Kammerdiener Ilja aber steht unbeweglich, an den Türpfosten gelehnt, und drückt durch seine ganze nachlässige Haltung aus, daß die bevorstehende Abreise gar nicht so wichtig sei und es sich nicht verlohne, deswegen im Hause so viel Aufhebens zu machen.

Nach altem Brauch fordert der Vater alle auf, vor der Abreise sich noch einmal zu setzen; die Herrschaft nimmt die vorderen Plätze ein, und etwas weiter nach hinten drängt sich das Gesinde, das sich ehrerbietig auf den Rand der Stühle setzt. Einige Minuten vergehen in andächtigem Schweigen, während welcher Zeit die Seele unwillkürlich von einem Gefühl nervöser Schwermut erfaßt wird, die jede Trennung und Abreise unvermeidlich hervorruft. Nun gibt der Vater das Zeichen zum Aufbruch; er bekreuzigt sich vor dem Heiligenbild, die übrigen folgen seinem Beispiel und hierauf beginnen die Umarmungen unter Tränen.

Ich sah jetzt meine Gouvernante an, die ein dunkles Reisekleid trug und in ein weiches Tuch gehüllt war, und auf einmal erschien sie mir anders als bisher. Sie kam mir plötzlich gealtert vor: ihre volle energische Gestalt war wie gebrochen; ihre »blitzeschleudernden« Augen, wie wir sie heimlich scherzweise nannten, denen nie einer meiner Verstöße entging, waren jetzt rot, verschwollen und voll Tränen; ihre Lippen zuckten krampfhaft. Zum ersten Mal hatte ich Mitleid mit ihr. Sie umarmte mich lange, mit einem Ausbruch von Zärtlichkeit, die ich bei ihr nie vermutet hätte. »Vergiß mich nicht und schreibe mir! Es ist keine Kleinigkeit, sich von einem Kind zu trennen, das man seit seinem fünften Lebensjahr erzogen hat!« sagte sie schluchzend.

Auch ich falle ihr um den Hals und beginne verzweifelt zu weinen. Mich ergreift eine trostlose Schwermut, der Gedanke an einen unwiederbringlichen Verlust, als ob mit ihrer Abreise unsere Familie zerfallen würde. Und dazu kam noch das Bewußtsein meiner eigenen Schuld. Ich schäme mich so entsetzlich, wenn ich mich erinnere, wie ich all die letzten Tage, sogar noch an diesem Morgen, im Geheimen jubelte bei dem Gedanken an ihre Abreise und an die bevorstehende Freiheit.

»So habe ich denn erreicht, was ich wollte, da reist sie wirklich fort, und wir bleiben allein!« Und in diesem Augenblick tat es mir um sie so leid, daß ich Gott weiß

was darum gegeben hätte, sie zurückhalten zu können. Ich klammere mich an sie und glaube, mich von ihr nicht trennen zu können.
»Es ist Zeit zu fahren, wenn man die Stadt noch bei Tageslicht erreichen will!« sagt jemand. Alle Sachen sind schon im Wagen verstaut. Auch die Gouvernante hat bereits Platz genommen. Noch eine lange, zärtliche Umarmung.
»Fräulein, geben Sie acht, geraten Sie nicht unter die Pferde!« schreit jemand und der Wagen setzt sich in Bewegung.
Ich laufe hinauf in das Eckzimmer, von dessen Fenster man den Blick hat auf die ganze, lange, eine Werst sichtbare Birkenallee, die vom Hause auf die große Landstraße führt, und drücke das Gesicht an die Scheibe. Solange man den Wagen sieht, kann ich mich vom Fenster nicht losreißen, und das Gefühl meiner eigenen Schuld wird immer stärker. Mein Gott! Wie leid mir jetzt die fortreisende Gouvernante tut! Alle unsere Auseinandersetzungen – und es gab deren sehr viele in der letzten Zeit – erscheinen mir jetzt in ganz anderem Licht.
»Sie liebte mich. Sie wäre geblieben, wenn sie gewußt hätte, wie viel sie mir bedeutet. Jetzt liebt mich niemand, niemand mehr!« dachte ich in später Reue, und mein Schluchzen wurde immer lauter.
»Wegen Margareta grämst du dich so sehr?« ruft mir der Bruder Fedja im Vorbeilaufen zu. Aus seiner Stimme hört man deutlich Verwunderung und Spott heraus.
»Laß sie in Ruhe, Fedja, das macht ihr Ehre, so anhänglich zu sein«, höre ich die belehrende Stimme der alten

Tante, die wir Kinder nicht liebten, weil wir sie für falsch hielten.
Der Spott des Bruders wirkte ebenso unangenehm auf mich wie das süßliche Lob der Tante. Ich konnte es schon seit der Kindheit nicht vertragen, wenn mich Leute in meinem Leid ohne ehrliche Anteilnahme zu trösten versuchten. Deshalb stieß ich zornig die Hand, welche die Tante in scheinbarer Zärtlichkeit auf meine Schulter gelegt, weg und erwiderte erbost: »Weder gräme ich mich, noch bin ich anhänglich!« und lief schnell in mein Zimmer.
Beim Anblick des leeren Arbeitszimmers hätte mich beinahe wieder die Verzweiflung übermannt. Allein der Gedanke, daß mich jetzt niemand stören wird, mit meiner Schwester so oft es mir beliebt beisammen zu sein, tröstete mich ein wenig. Ich beschloß sofort, zu ihr zu gehen und nachzusehen, was sie wohl macht.
Anjuta geht im großen Saal auf und ab, wie immer, wenn sie etwas Besonderes beschäftigt oder ihr irgend etwas Sorge macht. Sie ist zerstreut, die leuchtenden grünen Augen erscheinen ganz durchsichtig und bemerken nicht, was ringsherum vorgeht. Ohne es zu wissen, paßt sie ihre Schritte ihren Gedanken an – sind diese traurig, geht sie langsamer, beleben sie sich, dann werden die Schritte schneller und schneller, so daß sie schließlich hin und her zu laufen beginnt. Alle im Hause kennen diese Gewohnheit und ziehen sie damit auf. Ich habe sie oft heimlich beobachtet, wenn sie so umherging, und hätte zu gern gewußt, woran Anjuta denkt.
Wiewohl ich aus Erfahrung weiß, daß in solchen Augenblicken nichts aus ihr herauszubekommen war, verliere

ich denn doch die Geduld, als ich sehe, daß ihr Spaziergang gar kein Ende nimmt, und mache einen Versuch zu sprechen.
»Anjuta, mir ist so langweilig! Gib mir eines deiner Bücher zum Lesen!« sage ich mit flehender Stimme. Aber Anjuta setzt ihren Spaziergang fort, als ob sie nichts gehört hätte.
Abermals einige Minuten Schweigen. »Anjuta, woran denkst du?« entschließe ich mich endlich, zu fragen.
»Ach, geh doch, ich bitte dich! Bist noch zu klein, als daß man dir alles sagen könnte!« lautet die verächtliche Antwort.
Jetzt bin ich die Beleidigte. »So bist du ... du willst nicht einmal mit mir sprechen! Margareta ist jetzt fort, und ich glaubte, wir werden so freundschaftlich zusammen leben, und nun jagst du mich fort! Gut, ich gehe, aber lieben werde ich dich gar nicht, gar nicht!«
Ich war dem Weinen nahe und wollte gerade gehen, da rief mich die Schwester zu sich. Im Grunde brannte sie selbst vor Verlangen, irgend jemandem von alldem zu erzählen, was sie so sehr in Anspruch nahm, und da sie mit niemandem im Hause darüber sprechen konnte und sie kein besseres Publikum hatte, war auch die zwölfjährige Schwester gut genug.
»Hör' einmal!« sagte sie, »wenn du versprichst, daß du keinem, niemals, unter gar keinen Umständen etwas ausplaudern wirst, so vertraue ich dir ein sehr großes Geheimnis an.«
Meine Tränen versiegten im Augenblick, und der Zorn verging, als wäre er nie gewesen. Ich schwur selbstver-

ständlich, daß ich schweigen werde wie ein Fisch, und erwartete mit Ungeduld, was sie mir sagen würde.

»Gehen wir in mein Zimmer«, sagte sie feierlich. »Ich werde dir etwas zeigen, was du sicherlich nicht erwartet hättest.«

Und da führt sie mich in ihr Gemach, zu ihrem alten Schreibtisch, in dem – ich weiß es – ihre heiligsten Geheimnisse aufbewahrt sind. Ohne sich zu beeilen, langsam, um die Neugier zu erhöhen, öffnet sie eine der Schubladen und zieht aus ihr ein großes Couvert, das mit einem roten Siegel mit der Aufschrift »Epoche« versehen ist. Auf dem Couvert die Adresse: Donna Nikitischna Kusmin. (Das war der Name unserer Wirtschafterin, die meiner Schwester mit ganzer Seele ergeben ist und für sie durchs Feuer gegangen wäre.) Aus diesem Couvert zieht die Schwester ein anderes, kleineres heraus mit der Aufschrift: »Zur Übergabe an Anna Wassiliewna Korwin-Krukowski«, und endlich gibt sie mir einen Brief mit großen, männlichen Schriftzügen.

Ich habe den Brief in diesem Augenblick nicht bei mir, allein ich habe ihn in meiner Jugend so oft gelesen und wieder gelesen, und er hat sich meinem Gedächtnis so sehr eingeprägt, daß ich ihn beinahe Wort für Wort wiedergeben kann.

»Verehrte Anna Wassiliewna!

Ihr Brief voll von einem so lieben und freundlichen Vertrauen zu mir hat in mir ein solches Interesse erweckt, daß ich mich unverzüglich an das Lesen Ihrer eingesandten Erzählung machte.

Ich gestehe Ihnen, ich begann nicht ohne geheime Furcht zu lesen; uns Redakteuren von Zeitschriften ist so oft die traurige Pflicht auferlegt, junge Schriftsteller, die uns ihre ersten literarischen Versuche zur Prüfung einsenden, zu enttäuschen. In Ihrem Falle wäre mir dies sehr schmerzlich gewesen. Aber während ich las, verschwand meine Furcht, und ich gab mich mehr und mehr dem Zauber jener jugendlichen Unmittelbarkeit, jener Aufrichtigkeit und Wärme des Gefühls hin, von denen Ihre Erzählung erfüllt ist. Eben diese Eigenschaften bestechen bei Ihnen so sehr, daß ich fürchte, ich befinde mich auch jetzt unter deren Einfluß, deshalb wage ich es noch nicht, kategorisch und unparteiisch auf die Frage, auf die Frage, die Sie mir stellen: ›ob sich mit der Zeit eine große Schriftstellerin aus mir entwickeln wird‹, zu antworten.

Eines kann ich Ihnen sagen: ich werde Ihre Erzählung mit großem Vergnügen in der nächsten Nummer meiner Zeitschrift veröffentlichen; was aber Ihre Frage betrifft, so rate ich Ihnen: schreiben und arbeiten Sie, das übrige wird die Zeit erweisen.

Ich möchte es Ihnen nicht verschweigen: es gibt in Ihrer Erzählung viel Unfertiges und allzu große Naivität, es gibt sogar, verzeihen Sie die Offenheit, Verstöße gegen die russische Grammatik. Aber alles das sind kleine Mängel, die Sie, wenn Sie sich Mühe geben, überwinden können; im allgemeinen ist der Eindruck sehr günstig.

Deshalb wiederhole ich, schreiben Sie, schreiben Sie! Ich werde mich aufrichtig freuen, wenn Sie mir etwas mehr über sich selbst mitteilten; wie alt Sie sind, in welcher

Umgebung Sie leben. Das alles zu wissen, ist für die richtige Würdigung Ihres Talents von Wichtigkeit.

Ihr ergebener

Fedor Dostojewski.«

Ich las diesen Brief, und vor meinen Augen tanzten die Buchstaben vor Erstaunen. Der Name Dostojewski war mir nicht unbekannt; ich hatte ihn in der letzten Zeit oft in den Debatten zwischen Vater und Schwester bei Tische nennen hören. Ich wußte, daß er einer der hervorragendsten russischen Schriftsteller sei. Aber wie kommt er dazu, Anjuta zu schreiben, und was hat das alles nur zu bedeuten? Einen Augenblick dachte ich, daß mich die Schwester zum besten halte, um dann über meine Leichtgläubigkeit zu lachen.

Als ich den Brief zu Ende gelesen, sah ich die Schwester schweigend an und wußte nicht, was ich sagen sollte. Anjuta ergötzte sich augenscheinlich an meiner Verwunderung.

»Verstehst du das, verstehst du!« rief sie endlich mit freudig erregter Stimme. »Ich habe eine Erzählung geschrieben, und ohne jemandem ein Wort zu sagen, schickte ich sie an Dostojewski. Und siehst du, er findet sie gut und wird sie in seiner Zeitschrift veröffentlichen. So haben sich auch meine geheimen Träume verwirklicht. Jetzt bin ich eine russische Schriftstellerin!« jubelte sie in ihrem nicht mehr zu bändigenden Entzücken.

Um zu verstehen, was für uns das Wort »Schriftstellerin« bedeutete, muß man bedenken, daß wir in einem ganz entlegenen Dorf lebten, fern von jedem noch so schwachen Verkehr mit der literarischen Welt. Zwar wurde in unserer Familie viel gelesen, und man bestellte auch viele neue Bücher; aber jedes Buch, jedes gedruckte Wort betrachteten wir, nicht nur wir, sondern unsere ganze Umgebung wie einen Boten aus einer fernen, unsichtbaren, fremden Welt, die mit uns nichts Gemeinsames hat. So seltsam dies auch klingen mag, weder die Schwester noch ich hatten jemals einen Menschen gesehen, der auch nur eine Zeile veröffentlicht hätte. Es gab zwar in unserer Kreisstadt einen Lehrer, von dem plötzlich das Gerücht ging, er schreibe hie und da Berichte über unseren Kreis, und ich erinnere mich, mit welch ehrerbietiger Furcht ihm alle begegneten, bis man endlich entdeckte, daß diese Berichte nicht von ihm, sondern – von einem durchreisenden Journalisten aus Petersburg verfaßt worden waren.

Und da mit einemmal ist meine Schwester – Schriftstellerin! Ich fand keine Worte, ihr mein Entzücken und mein Erstaunen auszudrücken; ich warf mich an ihren Hals, und wir hielten uns lange umschlungen, lachten vor Freude und schwatzten allerhand Unsinn.

Keinem von den übrigen Hausgenossen wollte die Schwester von ihrem Triumph erzählen; sie wußte, daß alle, sogar die Mutter, erschrecken und alles dem Vater mitteilen würden. In den Augen des Vaters aber würde das Vorgehen, ohne zu fragen, an Dostojewski zu schreiben und sich seiner Kritik und vielleicht seinem Gespött hinzugeben, als ein furchtbares Verbrechen erschienen sein.

Mein armer Vater! Er verabscheute weibliche Schriftsteller und sagte jedem von ihnen einen lockeren Lebenswandel nach, der mit der Literatur gar nichts Gemeinschaftliches habe. Und ihm war es beschieden, der Vater einer Schriftstellerin zu sein.

Persönlich kannte mein Vater nur eine einzige dieser schreibenden Frauen, die Gräfin Rostoptschin. Er sah sie in Moskau zu der Zeit, da sie als glänzende Schönheit galt, für welche die ganze damalige *Jeunesse dorée* – auch mein Vater gehörte dazu – hoffnungslos seufzte. Viele Jahre später begegnete er ihr im Ausland wieder, ich glaube im Spielsaal von Baden-Baden.

»Ich sehe ... und traue meinen Augen nicht«, erzählte der Vater oft, »die Gräfin tritt ein, gefolgt von einer Schar höchst verdächtiger Personen, eine verkommener und ordinärer als die andere. Alle schreien, lachen, schnattern und benehmen sich ihr gegenüber sehr vertraulich. Sie geht an den Spieltisch und schleudert ein Geldstück nach dem andern hin. In ihren Augen glüht es, das Gesicht ist gerötet, und der Chignon sitzt schief. Sie verspielte alles bis zum letzten Goldstück und schrie ihren Begleitern zu: ›*Eh bien messieurs, je suis vidée! Rien ne va plus!* Gehen wir den Schmerz in Champagner ertränken!‹ Dahin führt die Schriftstellerei eine Frau!«

Es ist daher begreiflich, daß die Schwester sich nicht beeilte, dem Vater von ihrem Erfolg zu berichten. Aber gerade das Geheimnisvolle, mit dem sie ihr Debut auf der literarischen Bühne zu umgeben gezwungen war, verlieh allem einen besonderen Reiz. Ich erinnere mich, welches Entzücken es gab, als einige Wochen später das Heft der »Epoche« kam und wir auf dem Titel lasen: »Der Traum«, eine Erzählung von J.O-wa. (Jurij Orbjelowa war das von Anjuta gewählte Pseudonym, da sie unter ihrem eigenen Namen nichts veröffentlichen konnte.)

Anjuta hatte mir selbstverständlich schon längst ihre Erzählung aus der bei ihr aufbewahrten Abschrift vorgelesen. Jetzt aber erschien mir diese Erzählung auf den Seiten der gedruckten Zeitschrift ganz neu und wunderbar schön. Der Inhalt war folgender:

Die Heldin Liljenka lebt unter bejahrten Menschen, die das Leben hart mitgenommen hat und die sich in einen stillen Winkel zurückgezogen haben, um dort Ruhe und Vergessen zu finden. Sie bemühten sich, ihre Furcht vor dem Leben und seinen Stürmen auch Liljenka einzuflößen. Sie aber lockt und zieht es zu sich, dieses unbekannte Leben, von dem bis zu ihr nur ein schwacher Widerhall dringt, wie das ferne Rauschen des Meeres, das hinter den Bergen verborgen liegt. Sie glaubt daran, daß es einen Ort gibt:

»Wo die Menschen fröhlicher leben,
Die Spinne nicht sticht, bloß blüht das Leben.«

Aber wie soll sie zu solchen Menschen gelangen? Ohne es selbst zu bemerken, war Liljenka von den Vorurteilen ihrer Umgebung angesteckt worden. Fast unbewußt drängt sich ihr bei jedem Schritt die Frage auf: schickt es sich für eine Dame, so zu handeln, oder nicht? Sie möchte sich aus dieser engen Welt herausreißen, aber alles, was nicht *comme il faut*, was gewöhnlich ist, schreckt sie ab.

Auf einem Spaziergang durch die Stadt machte sie die

Bekanntschaft eines jungen Studenten (selbstverständlich mußte der Held der damaligen Erzählungen ein Student sein). Dieser junge Mann machte einen tiefen Eindruck auf sie, aber sie verhielt sich wie eine wohlerzogene junge Dame und verriet nicht ihre Gefühle. Ihre Bekanntschaft beschränkte sich auf diese Begegnung.

In der ersten Zeit war Liljenka traurig, dann beruhigte sie sich, und nur, wenn ihr zufällig unter den verschiedenen »Andenken« ihres farblosen Lebens, von denen die Schubladen ihrer Kommode wie bei den meisten Mädchen vollgepfropft sind, eine Kleinigkeit in die Hände fiel, die sie an den harmlosen Abend erinnerte, schlug sie rasch die Kommode zu und ging den ganzen Tag unzufrieden und mürrisch umher.

Da träumt ihr einmal, der Student komme zu ihr und mache ihr Vorwürfe. Und vor Liljenka zieht im Traum eine Reihe von Bildern des rechtschaffenen und mühseligen Lebens mit einem geliebten Manne unter begabten Freunden vorbei, von Bildern eines vollen, warmen Lebens, des hellen, gegenwärtigen Glückes und reicher Zukunft. »Sieh und bereue! So wäre unser Leben gewesen!« sagt der Student und verschwindet.

Liljenka erwacht, und unter dem Eindruck dieses Traumes beschließt sie, sich nicht mehr darum zu kümmern, was sich für ein junges Mädchen schickt. Sie, die bisher niemals anders als von dem Dienstmädchen oder Diener begleitet ausging, verläßt jetzt heimlich das Haus, nimmt die erste Droschke, die ihr begegnet, und fährt in jene entlegenen Gassen der Armen, wo, wie sie weiß, ihr geliebter Student wohnt.

Nach vielem Suchen und allerhand Hindernissen findet sie endlich seine Wohnung, erfährt aber dort von seinem Zimmergenossen, daß der Ärmste einige Tage vorher am Typhus gestorben ist. Der Freund erzählt, wie schwer sein Leben war, welche Not er gelitten und wie er im Delirium einige Male von einem Mädchen gesprochen hat. Zum Trost oder auch zum Vorwurf zitiert er der weinenden Liljenka die Verse Dobroljubows:

»Ich fürcht, es treibt wohl auch der Tod
Nur bittern Scherz mit meiner Not.
. . . .
Ich fürcht, was ich im Leben
So heiß ersehnet hab,
Wird lächelnd mir gegeben,
Wenn man mich senkt ins Grab.«

Liljenka kehrt nach Hause zurück. Keiner hat je erfahren, wo sie an diesem Tage gewesen ist. Sie ist nun davon überzeugt, daß sie ihr Glück verscherzt hat. Vergebens trauert sie um ihre dahingeschwundene Jugend, die ihr auch nicht eine einzige helle Erinnerung zurückgelassen, und stirbt.

Der erste Erfolg gab Anjuta viel Mut, und sie machte sich gleich an eine andere Erzählung, die sie innerhalb weniger Wochen vollendete. Diesmal war der Held ein junger Mann, Michail, der fern von seinen Angehörigen im Kloster unter der Aufsicht von Mönchen lebte.

Diese zweite Arbeit lobte Dostojewski viel mehr als die erste und fand sie reifer. Die Gestalt Michails hatte einige Ähnlichkeit mit Aljoscha aus den »Brüdern Karamasow«. Als ich diesen Roman einige Jahre später gleich nach seinem Erscheinen las, fiel mir diese Ähnlichkeit sofort auf, und ich sagte dies Dostojewski, mit dem ich damals sehr oft zusammentraf.

»Das könnte sein!« sagte Fedor Michailowitsch und schlug sich mit der Hand an die Stirn. »Allein, glauben Sie mir aufs Wort, als ich meinen Aljoscha ersann, hatte ich Michail völlig vergessen! Sollte er mir übrigens unbewußt vorgeschwebt haben!?« fügte er nachdenklich hinzu.

Die Veröffentlichung dieser Erzählung lief aber nicht so glücklich ab wie die der ersten. Es kam zu einer Katastrophe. Dostojewskis Brief fiel dem Vater in die Hände, und der Skandal war da.

Wieder einmal nahte der 5. September, der denkwürdige Tag in den Annalen unserer Familie. In gewohnter Weise versammelten sich bei uns zahlreiche Gäste. Gerade an diesem Tage erwartete man die Post, die bloß einmal wöchentlich zu uns kam. Gewöhnlich ging die Wirtschafterin, unter deren Namen Anjuta mit Fedor Michailowitsch korrespondierte, dem Briefträger entgegen und nahm ihm ihre Briefe ab, ehe er die Post zum Herrn brachte. Aber dieses Mal war sie wegen der Gäste beschäftigt; zum Unglück hatte der Briefträger, der immer die Postsendungen brachte, anläßlich des Namenstages der gnädigen Frau ein wenig getrunken, das heißt, er war total betrunken, und man hatte an seiner Statt einen Jungen geschickt, der die geheimen Abmachungen nicht kannte. So geriet das Säckchen mit den Briefen in Papas Arbeitszimmer, ohne daß sie vorher durchgesehen und aussortiert worden waren.

Dem Vater fiel sofort ein rekommandierter Brief mit der Adresse unserer Wirtschafterin und dem Stempel der Zeitschrift »Epoche« in die Augen. Was mochte nur dahinterstecken? Er hieß die Wirtschafterin kommen und zwang sie, den Brief in seiner Gegenwart zu öffnen. Man kann sich vorstellen oder richtiger gesagt, man kann sich nicht vorstellen, welche Szene folgte. Zum Unglück sandte Dostojewski in diesem Briefe gerade der Schwester das Honorar für die Erzählungen, etwas über dreihundert Rubel, soviel ich mich erinnere. Die Tatsache, daß die Schwester von einem unbekannten Manne heimlich Geld erhielt, erschien dem Vater so peinlich und verletzend, daß ihm unwohl wurde. Er hatte eine Herzkrankheit und litt überdies an Gallensteinen; die Ärzte meinten, jede Aufregung sei mit Gefahr für ihn verbunden und könne einen plötzlichen Tod herbeiführen; und die Möglichkeit einer solchen Katastrophe war der Schrecken unserer ganzen Familie. Sein Gesicht wurde bei jedem Ärger, den ihm die Kinder bereiteten, schwarz, und uns erfaßte dann immer die furchtbare Angst, seinen Tod zu verschulden. Und dann plötzlich dieser Schlag! Und gerade das ganze Haus voller Gäste!

Dieses Jahr war in unserer Kreisstadt ein Regiment stationiert. Zum Namensfest meiner Mutter war der Oberst mit allen Offizieren zu uns gekommen, und sie hatten als Überraschung die Regimentsmusik mitgebracht.

Das Festdiner war bereits seit drei Stunden vorbei. Oben im großen Saal hatte man alle Leuchter und Kandelaber angezündet, und die Gäste, die nach Tische geruht und sich für den Ball umgekleidet hatten, begannen sich zu versammeln. Die Offizierchen knöpften sich pustend und schnaufend die weißen Handschuhe zu; die ätherischen Damen in Tarlatan-Kleidern und großen Krinolinen, die damals modern waren, drehten und wendeten sich vor den Spiegeln. Anjuta, die sonst diese Gesellschaft von oben herab behandelte, war heute von dem glänzenden Fest, dem blendenden Licht und dem Bewußtsein, daß sie die schönste und eleganteste sei, wie berauscht. Sie vergaß ihre neue Würde als russische Schriftstellerin, vergaß, wie wenig diese roten, schwitzenden Offizierchen den idealen Menschen, von denen sie träumte, ähnlich waren, und ging zwischen ihnen hin und her, lächelte einem jeden zu und ergötzte sich an dem Bewußtsein, allen die Köpfe zu verdrehen.

Man wartete nur noch auf den Vater, um mit dem Tanz zu beginnen. Da trat der Diener ein, ging auf Mama zu und sagte: »Seine Excellenz ist unwohl. Bittet die gnädige Frau, sich zu ihm ins Arbeitszimmer zu bemühen.«

Alle waren bestürzt. Die Mutter stand eilig auf und verließ, die Schleppe ihres schweren Seidenkleides mit der Hand fassend, den Salon. Die Musikanten, die im Nebenzimmer auf das verabredete Zeichen zum Beginn der Quadrille harrten, erhielten den Befehl, noch zu warten.

Es verstrich eine halbe Stunde. Die Gäste wurden unruhig. Endlich kehrte die Mutter zurück. Ihr Gesicht war vor Aufregung gerötet, aber sie bemühte sich, gelassen zu erscheinen, und lächelte gezwungen.

Auf die besorgten Fragen der Gäste: »Was ist mit dem General?« erwiderte sie ausweichend – »Wassili Wassilie-

witsch fühlt sich nicht ganz wohl und bittet um Entschuldigung! er bittet, den Tanz ohne ihn zu beginnen.«
Jeder bemerkte, daß etwas Besonderes vorgefallen sein müsse; allein aus Rücksicht sprach man nicht weiter darüber. Überdies wollten alle endlich tanzen, da sie sich einmal deswegen versammelt und in Putz geworfen hatten. Und so begann der Tanz.
Als Anjuta bei einer Quadrille-Figur an der Mutter vorbeikam, sah sie ängstlich zu ihr hinüber und las in ihren Augen, daß etwas Ernstes passiert war. Die Mutter benutzte eine Tanzpause, führte Anjuta beiseite und fragte sie vorwurfsvoll:
»Was hast du angerichtet? Alles ist entdeckt! Papa hat Dostojewskis Brief an dich gelesen, und vor Scham und Verzweiflung wäre er beinahe auf der Stelle gestorben!«
Anjuta wurde leichenblaß; aber Mama fuhr fort: »Ich bitte dich, beherrsche dich wenigstens jetzt! Bedenke, wir haben Gäste, welche alle gern über uns klatschen! Geh, tanze, als wäre nichts geschehen!«
Und so tanzten meine Mutter und meine Schwester tatsächlich bis zum frühen Morgen, obwohl sie sich in ständiger Angst vor dem Gewitter befanden, das über ihnen losbrechen würde, sobald die Gäste das Haus verlassen hätten.
Und in der Tat entlud sich ein fürchterliches Gewitter.
Ehe nicht alle fortgefahren waren, ließ der Vater niemand vor und blieb in seinem Zimmer eingeschlossen. In den Tanzpausen liefen die Mutter und die Schwester aus dem Saal und horchten an seiner Tür, wagten aber

nicht einzutreten, sondern kehrten mit dem bangen Gedanken zu den Gästen zurück: »Wie geht's ihm jetzt? Ist's ihm nicht schlechter?«

Als es im Hause still geworden war, hieß der Vater Anjuta kommen. Was er ihr da alles gesagt hat! Einer seiner Aussprüche hat sich ihrem Gedächtnis besonders eingeprägt: »Bei einem Mädchen, das fähig ist, ohne Wissen von Vater und Mutter mit einem unbekannten Mann in Korrespondenz zu treten und von ihm Geld anzunehmen, kann man sich auf alles gefaßt machen! Jetzt verkaufst du deine Erzählungen und morgen vielleicht dich selbst!«

Der armen Anjuta wurde es bei diesen entsetzlichen Worten kalt. Sie wußte wohl im Innern, daß man sie ungerecht behandelte, aber der Vater hatte so sicher, mit dem Ton tiefster Überzeugung gesprochen; sein Gesicht war so vergrämt, und überdies galt seine Autorität noch immer bei ihr so sehr, daß der quälende Zweifel doch einen Augenblick in ihr aufstieg: habe ich mich vielleicht getäuscht? Habe ich vielleicht unbewußt doch etwas furchtbar Ungehöriges begangen?

Die folgenden Tage gingen wir alle, wie stets nach einer solchen Szene, wie begossene Pudel umher. Die Dienstleute brachten bald alles in Erfahrung. Papas Kammerdiener Ilja hatte nach seiner löblichen Gewohnheit das Gespräch des Vaters mit Anjuta belauscht und legte es sich auf seine eigene Weise aus. Die Nachricht von dem Vorgefallenen verbreitete sich in der ganzen Umgegend, selbstverständlich in übertriebener und entstellter Form, und lange Zeit noch wurde unter den Nachbarn bloß von dem »unglaublichen Betragen« des »Palibinskischen Fräuleins« gesprochen.

Nach und nach legte sich jedoch der Sturm. In unserer Familie vollzog sich ein Vorgang, der in russischen Familien oft vorkommt: die Kinder erziehen ihre Eltern um. Dieser Prozeß der Umerziehung begann mit der Mutter. Im ersten Augenblick hatte sie wie stets bei Zwistigkeiten zwischen den Kindern und dem Vater völlig seine Partei ergriffen. Sie grämte sich, daß der Vater krank wurde, und war empört: wie kann Anjuta den Vater so ärgern! Als sie aber sah, daß Ermahnungen nichts nutzten und Anjuta traurig umherging, tat es ihr auch um diese leid. Bald zeigte sich bei ihr die Neugierde, Anjutas Erzählung zu kennen, dann auch der heimliche Stolz, daß ihre Tochter eine Schriftstellerin sei. So ging ihre Sympathie langsam auf Anjutas Seite über, und der Vater fühlte sich ganz vereinsamt.

Im ersten Zorn hatte er der Tochter das Versprechen abgefordert, daß sie nie mehr schreiben werde; nur unter dieser Bedingung wolle er ihr verzeihen. Natürlich ließ sich Anjuta nicht dazu bewegen, ein solches Versprechen zu geben, und infolgedessen sprachen sie tagelang nicht miteinander, ja, die Schwester erschien nicht einmal bei Tische. Die Mutter lief begütigend zwischen beiden hin und her. Endlich gab der Vater nach. Sein erster Schritt zur Versöhnung war, daß er einwilligte, Anjutas Erzählung anzuhören.

Die Lesung ging sehr feierlich vor sich. Die Familie war vollzählig versammelt. Anjuta erfaßte die Bedeutung des Moments sehr wohl und las mit vor Aufregung bebender Stimme. Die Situation der Heldin, die Kluft zwischen ihr und der Familie, ihr Leiden unter dem Drucke des ihr auferlegten Zwanges – alles das paßte so sehr auf die Lage der Autorin selbst, daß es jedem unwillkürlich auffiel. Der Vater hörte schweigend zu, unterbrach die Vorlesung mit keinem Wort. Als aber Anjuta zu den letzten Seiten kam und, das Schluchzen mit Mühe verhaltend, vorlas, wie Liljenka sich um ihre Jugend härmt und stirbt, kamen ihm plötzlich große Tränen in die Augen. Er erhob sich, ohne ein Wort zu sagen, und ging aus dem Zimmer. Weder an diesem Abend noch an den folgenden Tagen sprach er mit Anjuta von ihrer Erzählung; er war zu ihr bloß merkwürdig weich und zärtlich, und alle begriffen, *que sa cause était gagnée*.

Seit jenem Tage begann in unserem Hause die Ära der Weichheit und der Nachsicht. Das erste Zeichen hierfür war, daß die Wirtschafterin, der der Vater im Zorn die Stelle gekündigt hatte, gnädige Verzeihung erhielt und in ihrem Amt verbleiben durfte.

Der zweite Beweis der Milde war noch verblüffender: der Vater gestattete Anjuta, an Dostojewski zu schreiben, unter der einen Bedingung, daß sie ihm den Brief vorher zeige, und er versprach ihr noch, daß sie bei der nächsten Reise nach Petersburg seine persönliche Bekanntschaft machen dürfe.

Wie bereits erwähnt, fuhren Mutter und Schwester fast jeden Winter nach Petersburg, wo es eine ganze Kolonie von unverheirateten Tanten gab. Sie bewohnten ein Haus auf der Wassili Ostrow und überließen der Mutter und Schwester zwei bis drei Zimmer. Der Vater blieb gewöhnlich auf dem Lande zurück, und mich ließ man zuhause unter der Fürsorge der Gouvernante. Aber diesmal beschloß die Mutter zu meiner unbeschreiblichen Freude, mich auch mitzunehmen, da die Engländerin abgereist war und die neue Gouvernante, eine Schweizerin, noch nicht in genügendem Maß ihr Vertrauen besaß.

Wir reisten im Januar ab, um guten Schnee zu haben. Eine Reise nach Petersburg war keine leichte Sache. Man mußte sechzig Werst auf Landstraßen mit eigenen Pferden fahren; dann zweihundert Werst auf der Reichsstraße mit Postpferden und schließlich etwa vierundzwanzig Stunden auf der Eisenbahn.

Wir reisten in einem großen, geschlossenen Wagen, an dem man Schlittenkufen befestigt hatte. In diesem mit sechs Pferden bespannten Fahrzeug nahmen die Mutter, Anjuta und ich Platz, voran fuhr die Troika mit der Kammerzofe und dem Gepäck; so vernahmen wir während der ganzen Fahrt das tönende Schellengeklingel, bald sich nähernd, bald sich entfernend, bald ganz ersterbend, dann wieder plötzlich neben uns, mit uns reisend und uns in den Schlaf singend.

Und wieviel für die Reise vorbereitet worden war! In der Küche hatte man so viele schmackhafte Gerichte gebraten und gebacken, daß sie, glaube ich, für eine Expedition hingereicht hätten. Unseren Koch rühmte man im ganzen Umkreis, er war ein Meister im Teigausrollen, und niemals setzte er soviel Mühe an die Sache, als wenn er den Herrschaften mürbes Buttergebäck für die Reise bereitete.

Und welch herrliche Fahrt das war! Die ersten sechzig Werst ging es durch dichten Fichtenwald, nur hie und da von unzähligen größeren und kleineren Seen unterbrochen. Während des Winters bildeten diese Seen große Schneefelder, auf denen sich deutlich die dunklen Föhren ringsum abzeichneten.

Bei Tag war die Fahr gut, nachts noch besser! Man träumte eine Weile, dann erwachte man durch einen Stoß und konnte sich anfangs nicht zurecht finden. Die oben im Wagen hängende kleine Reiselaterne beleuchtete zwei seltsame, schlafende Gestalten in großen Pelzen und weißen Kapuzen. Ich kann Mutter und Schwester kaum erkennen. Auf den vereisten Wagenfenstern treten silberne, wunderbare Zeichnungen hervor; die Schellen klingen unaufhörlich – das alles ist so seltsam neu, daß man auf einmal gar nichts mehr fühlt und denkt; bloß in den Gliedern empfindet man wegen der unbequemen Lage einen dumpfen Schmerz. Plötzlich fällt ein heller Strahl ins Bewußtsein: wo sind wir? Wohin reisen wir und wieviel Neues und Schönes steht uns bevor? – und die Seele wird von hellem, atembeklemmendem Glück ganz erfüllt!

Ja, sie war herrlich, diese Reise! Und sie bleibt wohl die strahlendste Erinnerung an meine Kindheit ...

X

Bekanntschaft mit F. M. Dostojewski

Nach unserer Ankunft in Petersburg schrieb Anjuta sogleich an Dostojewski und bat ihn, uns zu besuchen. Fedor Michailowitsch kam an dem festgesetzen Tage. Ich erinnere mich, mit welch fieberhafter Spannung wir ihn erwarteten, wie wir schon eine Stunde vor der bestimmten Zeit auf jedes Klingeln aus dem Vorzimmer lauschten. Sein erster Besuch fiel jedoch sehr übel aus.

Wie schon berichtet, war mein Vater gegen alles, was aus der literarischen Welt kam, sehr mißtrauisch. Wenn er der Schwester auch erlaubt hatte, mit Dostojewski bekannt zu werden, so geschah dies nur mit zagendem Herzen und nicht ohne Furcht. »Merk dir das, Lisa, auf dir wird eine große Verantwortung lasten«, prägte er der Mutter ein, als wir aufbrachen. »Dostojewski ist kein Mensch unserer Gesellschaft. Was wissen wir schon von ihm? Nur, daß er Journalist und ein ehemaliger Verbrecher ist. Eine schöne Empfehlung! Das läßt sich nicht bestreiten! Man muß ihm gegenüber sehr vorsichtig sein.«

Im Hinblick darauf ordnete der Vater aufs strengste an, daß die Mutter bei der Begegnung mit Fedor Michailowitsch unbedingt anwesend sein und beide keinen Augenblick allein lassen sollte.

Ich bat mir auch die Erlaubnis aus, während seines Besuches anwesend zu sein, und unsere beiden deutschen

Tantchen ersannen sofort einen Vorwand, um im Salon zu erscheinen. Sie sahen den Schriftsteller wie ein seltenes Tier neugierig an und ließen sich schließlich auf dem Sofa nieder, auf dem sie auch bis zum Schluß seines Besuchs sitzen blieben.

Anjuta ärgerte sich, daß ihre erste Begegnung mit Dostojewski, von der sie vorher soviel geträumt hatte, unter solchen widrigen Umständen stattfand; sie machte ein böses Gesicht und schwieg hartnäckig. Fedor Michailowitsch fühlte sich unter den alten Damen unbehaglich und war ebenfalls verärgert. Er kam mir an diesem Tage alt und krank vor, so wirkte er immer, wenn er mißgelaunt war. Er zwirbelte unablässig an seinem schütteren, blonden Bärtchen und biß in seinen Schnurrbart, wobei das ganze Gesicht sich verzerrte.

Die Mutter gab sich jede erdenkliche Mühe, ein interessantes Gespräch herbeizuführen; schüchtern und verwirrt wie es schien, suchte sie ihm etwas Angenehmes und Schmeichelhaftes zu sagen und überlegte, welche Frage zu stellen wohl das Beste wäre. Dostojewski erwiderte einsilbig, mit betonter Unhöflichkeit.

Endlich *á bout de ses ressources*, schwieg auch die Mutter. Nach einer halben Stunde nahm Fedor Michailowitsch den Hut, verneigte sich ungeschickt und ging eilig fort, ohne jemandem die Hand zu reichen.

Anjuta lief in ihr Zimmer und warf sich aufs Bett und weinte hemmungslos. »Immer, immer wird einem alles verdorben!« wiederholte sie schluchzend.

Die arme Mutter fühlte sich, ohne eigentlich etwas verschuldet zu haben, doch schuldig. Es kränkte sie allerdings auch, daß man zum Dank für ihr Bestreben, alle zu befriedigen, ihr gar noch böse ist; und auch sie fing an zu weinen.

»Ja, so bist du immer; du bist mit nichts zufrieden! Der Vater hat dir den Gefallen getan und dir erlaubt, mit deinem Ideal bekannt zu werden, ich hörte eine ganze Stunde lang seine Grobheiten an, und du beschuldigst uns noch!«

Mit einem Wort, wir waren alle furchtbar unglücklich, und der Besuch, auf den wir uns so sehr vorbereitet und auf den wir so sehnsüchtig gewartet hatten, ließ ein nur schmerzliches Gefühl zurück.

Fünf Tage danach kam Dostojewski wieder zu uns, aber dieses Mal waren die Umstände wie sie günstiger nicht hätten sein können: weder die Mutter noch die Tanten waren zu Hause, meine Schwester und ich waren allein. Fedor Michailowitsch nahm Anjuta bei der Hand, sie setzten sich nebeneinander auf den Divan und sprachen sofort wie zwei alte Bekannte.

Das Gespräch war nicht mehr gezwungen wie das letzte Mal, als es sich mit Gewalt von einem langweiligen Thema zum anderen schleppte. Sowohl Anjuta, als auch Dostojewski sprachen sich ungestört aus, fielen einander in die Rede, scherzten und lachten.

Ich saß dabei, ohne mich ins Gespräch zu mengen, konnte den Blick nicht von Fedor Michailowitsch abwenden und sog alles, was er sprach, gierig ein. Er schien mir jetzt ein ganz anderer Mensch, jung, und so einfach, lieb und klug. »Ist er wirklich schon dreiundvierzig Jahre alt?« dachte ich, »ist er wirklich dreieinhalb mal älter als ich und mehr als doppelt so alt wie die Schwester? Und dazu ist er noch ein großer Schriftsteller, mit dem man ganz so wie mit einem Freunde verkehren kann!« Und da fühlte ich, daß er mir merkwürdig lieb wurde und nahe kam.

»Was für ein reizendes Schwesterchen Sie haben!« sagte Dostojewski ganz unerwartet, denn er hatte eine Minute vorher mit Anjuta über etwas ganz anderes gesprochen, ohne mir, wie es schien, auch nur die geringste Aufmerksamkeit zu schenken.

Ich erglühte vor Vergnügen, und mein Herz erfüllte sich mit Dankbarkeit für meine Schwester, als sie zur Antwort auf diese Bemerkung Fedor Michailowitsch zu erzählen begann, welch ein gutes, kluges Mädchen ich sei, wie ich als die einzige in der Familie immer zu ihr gehalten und ihr beigestanden hätte. Sie belebte sich völlig, indem sie mich pries und dichtete mir nicht vorhandene Verdienste an. Zum Schluß verriet sie Dostojewski sogar, daß ich Verse schreibe: »Wahrhaftig, wahrhaftig, gar nicht schlecht für ihr Alter!« Und ungeachtet meiner schwachen Proteste lief sie weg und holte das dicke Heft mit meinen Reimereien, aus welchem Fedor Michailowitsch gleich zwei, drei Bruchstücke las, die er lobte.

Die Schwester strahlte vor Freude. Mein Gott! Wie liebte ich sie in diesem Augenblick! Es schien mir, daß ich mein ganzes Leben für diese zwei lieben, mir so teuern Menschen hätte hingeben können.

Ehe man sich's versah, waren drei Stunden vergangen. Plötzlich ertönte im Vorzimmer die Klingel: Mama ist von ihren Besorgungen heimgekehrt. Nichtsahnend, daß Dostojewski bei uns weilte, trat sie ins Zimmer noch mit Hut auf dem Kopf, ganz beladen von Einkäufen und entschuldigte sich, daß sie ein wenig verspätet zu Tische komme.

Als sie Fedor Michailowitsch so ungezwungen mit uns sitzen sah, wunderte sie sich außerordentlich und erschrak: »Was würde Wassili Wassiliewitsch dazu sagen«, war ihr erster Gedanke. Aber wir fielen ihr um den Hals, und als sie uns so zufrieden und strahlend sah, taute auch sie auf, und es endete damit, daß sie Fedor Michailowitsch sogar aufforderte, mit uns zu essen.

Von diesem Tage an verkehrte er bei uns wie ein Mitglied der Familie, und mit Rücksicht darauf, daß unser Aufenthalt in Petersburg nicht lange dauern sollte, besuchte er uns sehr oft, drei-, viermal wöchentlich.

Besonders schön war es, wenn er des Abends kam und sonst kein Besuch da war. Dann pflegte er lebhaft zu werden und war außerordentlich herzlich und bezauberte uns alle. Allgemeine Gespräche konnte Fedor Michailowitsch nicht vertragen; er sprach bloß in Monologen und das auch nur dann, wenn ihm alle Anwesenden sympathisch waren und mit gespannter Aufmerksamkeit zuhörten. Wenn diese Bedingungen erfüllt waren, konnte er so schön sprechen, so malerisch und anschaulich, wie ich keinen anderen je gehört habe.

Manchmal erzählte er uns den Inhalt eines künftigen Romans, manchmal Szenen und Episoden aus dem eigenen Leben. Lebhaft erinnere ich mich beispielsweise, wie er uns jene Minuten schilderte, als er, zum Erschießen verurteilt, bereits mit verbundenen Augen vor den zielenden Soldaten stand, die das verhängnisvolle Kommando: »Gebt Feuer!« erwarteten, und plötzlich statt dessen die Trommel geschlagen wurde und die Nachricht von der Begnadigung eintraf.

Ich erinnere mich noch einer anderen Erzählung. Meine Schwester und ich wußten, daß Fedor Michailowitsch an der Epilepsie litt, aber diese Krankheit war in unsern Augen von solch magischem Schrecken umgeben, daß wir uns niemals entschlossen hätten, diese Frage auch nur zu streifen. Zu unserem Erstaunen fing er einmal selbst darüber zu sprechen an und erzählte uns, unter welchen Umständen er den ersten Anfall bekam.

Später hörte ich eine ganz andere Version: Dostojewski hätte die Fallsucht in Folge einer Leibesstrafe bekommen, die er als Sträfling erlitten. Die beiden Versionen sind einander gar nicht ähnlich; welche die richtige ist, wage ich nicht zu entscheiden, da mir viele Ärzte sagten, es hätten fast alle, die an dieser Krankheit leiden, den typischen Zug, sich nicht erinnern zu können, wie es bei ihnen begann, und daß sie deswegen allerhand erdichteten.

Wie dem auch sei, Dostojewski erzählte uns folgendes: nicht in den Jahren der Zwangsarbeit sei diese Krankheit bei ihm ausgebrochen, sondern erst als er in der Verbannung lebte. Er litt damals furchtbar unter der Einsamkeit, und monatelang sah er keinen Menschen, mit dem er ein vernünftiges Wort hätte sprechen können. Da plötzlich kam ein alter Freund zu Besuch; ich habe den Namen, den Dostojewski nannte, vergessen. Es war gerade in der Nacht vor dem Ostersonntag. Wegen des freudigen Wiedersehens vergaßen sie jedoch, welche Nacht es war, und sie blieben zu Hause im Gespräch, achteten nicht der Zeit noch der Müdigkeit und berauschten sich an ihren eigenen Worten. Sie sprachen von dem, was beiden am teuersten war – von Literatur, Kunst und Philosophie; zuletzt kamen sie auf die Religion; der Freund war Atheist, Dostojewski tief gläubig, ein jeder von seiner Überzeugung durchdrungen.

»Es gibt einen Gott, es gibt einen!« schrie Dostojewski endlich außer sich vor Erregung.

In diesem Augenblick erklang von der nahen Kirche die Glocke zur Osterfrühmesse. Die Luft geriet in Schwingung und tönte dumpf. »Und ich fühlte«, erzählte Fedor Michailowitsch, »wie der Himmel zur Erde kam und mich verschlang. Ich fand wirklich Gott und ward von ihm erfüllt. ›Ja, Gott ist‹ schrie ich – und sonst erinnere ich mich an nichts!«

»Ihr seid alle gesunde Menschen«, fuhr er fort, »und Ihr habt nicht die geringste Vorstellung von jenem Glück, das wir Epileptiker in der Sekunde vor dem Anfall empfinden. Mohammed versichert in seinem Koran, daß er das Paradies gesehen habe und dort gewesen sei. Alle klugen Toren sind davon überzeugt, daß er einfach ein Lügner und Betrüger ist. Aber nein! Er lügt nicht! Er war tatsächlich im Paradies, während des Anfalls der Epilepsie, an der er gleich mir litt. Ich weiß nicht, ob diese Glückseligkeit Sekunden oder Stunden oder Monate währt, aber glauben Sie mir aufs Wort, alle Freuden, die das Leben geben kann, würde ich für sie nicht eintauschen!«

Dostojewski hatte die letzten Worte mit dem ihm eigenen leidenschaftlichen Flüstern hervorgestoßen. Wir alle blieben wie hypnotisiert, völlig unter der Herrschaft seiner Worte. Plötzlich durchschoß uns alle ein und derselbe Gedanke: er wird sofort einen Anfall bekommen. Sein Mund verzog sich nervös, das ganze Gesicht zuckte. Dostojewski las wahrscheinlich in unseren Augen die Besorgnis. Er brach plötzlich seine Rede ab, führte die Hand über das Gesicht und lächelte bitter. »Fürchten Sie nichts«, sagte er, »ich weiß immer im voraus, wenn es über mich kommt.«

Uns war es unbehaglich und peinlich, daß er unsere Gedanken erraten hatte, und wir wußten nicht, was zu entgegnen. Fedor Michailowitsch ging bald darauf weg, später erzählte er uns, daß er tatsächlich in jener Nacht einen furchtbaren Anfall hatte.

Manchmal war Dostojewski in seinen Reden sehr realistisch und vergaß vollständig, daß er in Gegenwart von jungen Mädchen sprach. Meine Mutter brachte er damit zur Verzweiflung.

So erzählte er zum Beispiel einmal eine Szene aus einem Roman, den er noch in seiner Jugend entworfen hatte: der Held, ein Gutsbesitzer in mittleren Jahren, sorgsam und fein erzogen, bereiste das Ausland, las gute Bücher, kaufte Bilder und Stiche. In der Jugend hatte er es arg getrieben, später aber ward er ruhiger, versah sich mit Frau und Kindern und genoß allgemeine Achtung.

Als er eines Morgens erwachte, schien bereits die Sonne in sein Schlafgemach; alles um ihn ist so rein, gut und behaglich. Und auch er selbst fühlt sich so rein und gut.

Seinen Körper durchströmt das Gefühl der Zufriedenheit und Ruhe. Wie ein wahrer Genießer beeilt er sich nicht aufzustehen, um den angenehmen Zustand des allgemeinen, zunehmenden Wohlbehagens zu verlängern.
Zwischen Träumen und Wachen durchlebt er in Gedanken so manche schöne Momente seiner letzten Reise ins Ausland. Er sieht wieder in der Münchner Galerie den merkwürdigen Lichtstreifen auf die nackten Schultern der heiligen Cäcilie fallen. Auch kommen ihm sehr vernünftige Stellen aus einem Buch: »Über die Schönheit und Harmonie der Welt«, das er kurz vorher gelesen hatte, in den Sinn.
Plötzlich beginnt er mitten in diesen angenehmen Träumereien und Erinnerungen ein Unbehagen zu fühlen, aber es war weder richtiger Schmerz, noch Unruhe. Ähnliches kommt bei Menschen mit alten Schußwunden vor, aus denen die Kugeln nicht herausgezogen wurden: einen Augenblick vorher schmerzte noch gar nichts, und plötzlich nagt die alte Wunde, nagt und nagt.
Unser Gutsbesitzer beginnt nachzudenken und überlegt, was das wohl zu bedeuten hätte. Schmerzen ... es schmerzt ihn gar nichts. Aber im Herzen ... gerade, wie wenn Katzen kratzen würden, immer schlimmer und schlimmer.
Er glaubt, er müsse sich an irgendetwas erinnern und bemüht sich und strengt das Gedächtnis an ... Und mit einem Mal erinnert er sich wirklich an etwas, so lebhaft, so greifbar, und empfindet dabei einen solchen Ekel, als wäre es gestern, nicht vor zwanzig Jahren geschehen, während ihn das alles im Laufe der zwanzig Jahre gar nicht beunruhigt hatte.

Er erinnerte sich, wie er einmal nach einer durchschwärmten Nacht, von betrunkenen Kameraden aufgestachelt, ein zehnjähriges Mädchen vergewaltigt hatte.
Meine Mutter schlug die Hände zusammen, als Dostojewski das sagte.
»Fedor Michailowitsch, erbarmen Sie sich, hier sind Kinder!« flehte sie mit verzweifelter Stimme.
Ich habe damals Dostojewskis Worte nicht begriffen, bloß aus dem Unwillen der Mutter erriet ich, daß es etwas Schreckliches gewesen sein mußte.
Im übrigen wurden die Mutter und Fedor Michailowitsch gute Freunde. Die Mutter gewann ihn sehr lieb, obgleich sie oft manches von ihm zu ertragen hatte.
Gegen Ende unseres Petersburger Aufenthaltes kam Mama auf den Einfall, einen Abschiedsabend zu geben und alle unsere Bekannten einzuladen. Auch Dostojewski hatte sie gebeten. Er sträubte sich lange, aber der Mutter gelang es zu ihrem Unglück, ihn zu überreden.
Dieser Abend mißlang völlig. Da meine Eltern bereits seit zehn Jahren auf dem Lande lebten, hatten sie in Petersburg nicht mehr ihre Gesellschaft; das Leben hatte die alten Bekannten und Freunde längst nach verschiedenen Richtungen zerstreut. Einigen von ihnen war es im Verlaufe dieser zehn Jahre gelungen, glänzende Karriere zu machen und sich auf eine sehr hohe Stufe der gesellschaftlichen Leiter zu erheben. Andere dagegen waren der Armut und dem Bettelstab verfallen, führten in entlegenen Stadtvierteln eine kümmerliche Existenz und hatten ein kärgliches Auskommen. Diese Leute hatten gar nichts Gemeinsames, fast alle hatten jedoch die

Einladung der Mutter angenommen und waren an unserem Abend erschienen, weil sie sich an *»cette pauvre chère Liese«* erinnerten.

Eine ziemlich große, aber sehr bunte Gesellschaft versammelte sich bei uns. Unter den Gästen befanden sich die Gemahlin und die Tochter eines Ministers, der Minister hatte versprochen, gegen Ende des Abends für einen Augenblick zu kommen, hielt jedoch nicht Wort. Auch ein sehr alter, kahlköpfiger Deutscher, ein hervorragender Staatswürdenträger, war da, von dem mir bloß in Erinnerung geblieben, daß er gar zu drollig mit dem zahnlosen Mund schmatzte und Mamas Hand fortwährend mit den Worten küßte: »Sie war sehr schön, Ihre Mutter. Keine der Töchter ist so schön.«

Dann war ein herabgekommener Gutsbesitzer aus den Ostsee-Provinzen anwesend, der in Petersburg lebte und erfolglos nach einer einträglichen Stelle suchte. Es gab viele ehrwürdige Witwen und alte Jungfern, einige Akademiker, die noch mit meinem Großvater befreundet gewesen waren. Das deutsche Element, würdevoll, geziert und farblos, herrschte vor.

Die Wohnung der Tanten war zwar recht groß, bestand aber aus lauter kleinen Zellen, gefüllt mit einer Menge unnützer, häßlicher Dinge und Nippes, welche die zwei ledig gebliebenen deutschen Jungfern im Laufe ihres langen Lebens gesammelt hatten. Infolge der vielen Gäste und der Menge brennender Kerzen war die Luft furchtbar drückend. Zwei Diener, schwarz befrackt und mit weißen Handschuhen, reichten auf dem Präsentierbrett Tee, Süßigkeiten und Früchte herum.

Meine Mutter, des großstädtischen Lebens, das sie früher so sehr liebte, entwöhnt, hatte im stillen Angst und war aufgeregt: »Ist auch alles bei uns, wie es sich gehört? Geht es nicht zu altmodisch, zu provinziell her? Und werden die alten Bekannten nicht finden, daß wir hinter ihrer Welt zurückgeblieben sind?«
Die Gäste interessierten sich wenig füreinander. Alle langweilten sich, aber als wohlerzogene Leute, bei denen solche Abende einen unvermeidlichen Bestandteil ihres Lebens bilden, fügten sie sich, ohne zu murren, in ihr Schicksal und ertrugen stoisch diese Langweile.
Man kann sich vorstellen, wie es dem armen Dostojewski in einer solchen Gesellschaft erging. Sowohl durch sein Aussehen als auch durch sein ganzes Benehmen unterschied er sich scharf von allen anderen. In einem Anfall von Selbstverleugnung hatte er es für notwendig erachtet, den Frack anzulegen, und dieser Frack, der schlecht und unbequem saß, ärgerte ihn im stillen während des ganzen Abends. Dieser Ärger begann schon in dem Augenblick, als Dostojewski die Schwelle des Salons betrat. Wie alle nervösen Menschen empfand er eine peinliche Verlegenheit, wenn er in eine unbekannte Gesellschaft geriet, und je dümmer, unsympathischer und bedeutungsloser ihm diese erschien, desto verwirrter wurde er, und durch das Gefühl des Ärgers aufgeregt, suchte er nun, mit irgendjemandem Händel zu beginnen.
Meine Mutter beeilte sich, ihn den Gästen vorzustellen, aber statt des Grußes murmelte er nur etwas Unverständliches und kehrte ihnen den Rücken. Das allerschlimmste aber war, daß er den Anspruch erhob, Anjuta ganz

für sich allein zu haben. Er führte sie in einen Winkel des Salons und ließ deutlich die Absicht erkennen, sie von dort nicht mehr fortzulassen. Das verstieß selbstverständlich gegen alle Regeln gesellschaftlichen Anstands, überdies war sein Benehmen ihr gegenüber alles andere als salonfähig: er faßte sie an den Händen und beugte sich, wenn er mit ihr sprach, bis zu ihrem Ohr. Anjuta selbst wurde es unbehaglich zumute, und die Mutter war außer sich. Anfangs versuchte sie, Dostojewski auf zarte Weise verständlich zu machen, daß dieses Betragen unschicklich sei; gleichsam zufällig vorbeigehend, rief sie die Schwester und wollte sie mit irgendeinem Auftrag wegschicken. Anjuta hatte sich bereits erhoben, aber Fedor Michailowitsch hielt sie zurück: »Nein, warten Sie, Anna Wassiliewna, ich habe Ihnen noch nicht zu Ende erzählt.«

Nun verlor aber die Mutter völlig die Geduld. »Entschuldigen Sie, Fedor Michailowitsch, aber als Tochter des Hauses muß sich Anjuta auch den anderen Gästen widmen«, sagte sie sehr barsch und führte die Schwester fort.

Fedor Michailowitsch wurde böse, zog sich in eine Ecke zurück und schwieg trotzig, indem er alle Anwesenden maliziös musterte.

Unter den Gästen war einer, der ihm vom ersten Augenblick unerträglich erschien. Das war einer unserer weitläufigen Verwandten aus der Schubertschen Familie, ein junger Deutscher, Offizier bei einem Garde-Regiment. Er galt als eleganter junger Mann, sah gut aus, war klug und gebildet, in der besten Gesellschaft sehr beliebt, nicht zu bedeutend, aber guter Durchschnitt. Er machte auch

Karriere, wie es sich ziemt, nicht aufdringlich rasch, sondern solid, ehrenhaft; er verstand es, jenem einen Dienst zu erweisen, dem er gebührte, aber ohne erkennbare Absichtlichkeit und tiefe Bücklinge.

Auf die Rechte der Verwandtschaft hin machte er seiner Cousine den Hof, wenn er sie bei den Tanten traf, aber auch das mit sehr viel Takt und recht unauffällig, wobei er aber erraten ließ, daß er »Absichten habe«.

Wie es immer in solchen Fällen geschieht, wußten alle, daß er der mögliche und wünschenswerte Bräutigam sei, aber man gab sich den Anschein, als ob man eine solche Möglichkeit nicht vermutete. Selbst meine Mutter, wenn sie mit den Tanten allein blieb, hat bloß mit halben Worten und Andeutungen diese delikate Frage berührt.

Dostojewski jedoch brauchte nur einen Blick auf diese schöne, hohe, selbstzufriedene Gestalt zu werfen, um sie auch schon bis zur Raserei zu hassen.

Der junge Kürassier, malerisch in einen Fauteuil hingestreckt, ließ die modern genähten Pantalons, die seine langen, schlanken Beine eng umschlossen, in ihrer ganzen Schönheit sehen. Die Epaulettes schüttelnd und sich leicht zu meiner Schwester neigend, erzählte er irgend etwas Amüsantes. Anjuta, von dem Zwischenfall mit Dostojewski noch verwirrt, hörte ihm mit ihrem einstudierten Salon-Lächeln zu, »mit dem Lächeln eines keuschen Engels«, wie es die englische Gouvernante giftig bezeichnet hatte.

Fedor Michailowitsch wandte kein Auge von dieser Gruppe, und in seinem Kopf entstand ein ganzer Roman: Anjuta kann diesen »Teutschen«, diesen »selbstgefälligen Frechling« nicht ausstehen und verachtet ihn, aber die Eltern wollen sie um jeden Preis mit ihm zusammenführen und verheiraten. Der Abend wurde natürlich nur zu diesem Zweck veranstaltet! Dostojewski glaubte auch an seinen erfundenen Roman, und er wurde immer grimmiger.

Den Hauptgesprächsstoff in diesem Winter bildete das Buch eines englischen Geistlichen, ein Vergleich zwischen der Orthodoxie und dem Protestantismus. In dieser russisch-deutschen Gesellschaft war das ein für alle interessantes Thema, und als es berührt wurde, begann die Unterhaltung lebhafter zu werden. Die Mutter, selbst eine Deutsche, bemerkte, daß einer der Vorzüge der Protestanten den Orthodoxen gegenüber darin bestehe, daß sie das Evangelium häufiger zu lesen pflegen.

»Ja, ist denn das Evangelium für Salondamen geschrieben?« fiel plötzlich Dostojewski ein, der bisher hartnäkkig geschwiegen hatte. »Wie heißt es denn da? ›Am Anfang schuf Gott Mann und Frau‹, und weiter: ›Und der Mann wird Vater und Mutter verlassen und seiner Frau anhangen.‹ So verstand Christus die Ehe! Und was sagen dazu alle Mütterchen, die bloß daran denken, wie man die Töchter nur noch vorteilhafter versorgen könnte!«

Dostojewski sagte das mit ungewöhnlichem Pathos. Er krümmte sich, wie jedesmal, wenn er sich aufregte, zusammen, und schien seine Worte wie Pfeile abzuschießen. Die Wirkung war verblüffend. Alle diese wohlerzogenen Deutschen verstummten und glotzten ihn an. Erst nach Verlauf von einigen Sekunden begriffen plötzlich alle die ganze Unschicklichkeit des Gesagten, und alle begannen durcheinander zu sprechen, um den peinlichen Vorfall zu vertuschen.

Dostojewski sah noch einmal alle böse, mit einem herausfordernden Blick an, verbarg sich dann wieder in seinem Winkel und brachte bis zum Schluß des Abends kein Wort mehr hervor.

Als er das nächste Mal wieder bei uns erschien, versuchte die Mutter, ihn kühl zu empfangen, ihm zu zeigen, daß sie beleidigt sei, aber bei ihrer merkwürdigen Güte und Weichheit konnte sie niemandem lange zürnen, um so weniger einem solchen Menschen wie Fedor Michailowitsch; deshalb wurden sie bald wieder die alten Freunde.

Dagegen hatten sich seit diesem Abend die Beziehungen zwischen Anjuta und Fedor Michailowitsch spürbar verändert – gerade als ob beide in eine andere Phase ihrer Gefühle getreten wären. Dostojewski gelang es nun gar nicht mehr, Anjuta zu imponieren, im Gegenteil, sie hatte das Verlangen, ihm zu widersprechen, ihn zu ärgern, und er war jetzt nervös wie nie zuvor und suchte fast immer Streit. Er begann Rechenschaft zu fordern, wie sie die Tage, an denen er nicht bei uns war, verbrachte, und verhielt sich allen Menschen gegenüber, denen sie einige Sympathie zeigte, feindlich. Er kam nicht seltener zu uns, sondern eher öfter und blieb länger als früher, zankte sich aber fast die ganze Zeit mit meiner Schwester.

Zu Beginn ihrer Bekanntschaft war Anjuta bereit, auf jedes Vergnügen, jede Einladung an den Tagen, da sie Dostojewski bei uns erwartete, zu verzichten; und wenn er im Zimmer war, beachtete sie keinen andern. Jetzt

aber veränderte sich das alles; kam er, wenn wir Gäste hatten, so fuhr sie ruhig fort, sich mit diesen zu unterhalten. War sie an einem Abend, an dem er nach Verabredung hätte kommen sollen, irgendwohin eingeladen, so schrieb sie ihm jetzt ab und entschuldigte sich.
Am darauffolgenden Tage kam Fedor Michailowitsch und trat schon böse ein. Anjuta tat, als bemerke sie seine Verstimmung nicht, nahm die Arbeit zur Hand und begann zu nähen. Das erzürnte Dostojewski noch mehr. Er setzte sich in eine Ecke und schwieg mürrisch. Meine Schwester schwieg auch.
»So lassen Sie doch das Nähen!« sagte er endlich, nicht länger an sich haltend, und nahm ihr das Nähzeug aus der Hand.
Meine Schwester kreuzt die Arme über der Brust und schweigt noch immer.
»Wo waren Sie gestern?« fragt Fedor Michailowitsch erzürnt.
»Auf einem Ball«, antwortet meine Schwester gleichmütig.
»Getanzt?«
»Versteht sich.«
»Mit dem Vetterchen?«
»Mit ihm und mit anderen.«
»Und das amüsiert Sie?« setzt Dostojewski sein Verhör fort.
Anjuta zuckte mit den Schultern. »Wenn man nichts Besseres vorhat, so unterhält auch das,« erwidert sie und greift wieder nach ihrer Arbeit.
Dostojewski sieht sie einige Minuten schweigend an. »Sie

sind ein törichtes, oberflächliches Mädchen, das ist es!« sagt er schließlich.

In dieser Art wurden jetzt oft ihre Gespräche geführt. Das Thema des Streites, das immer wieder auftauchte und über das sie ständig streiten konnten, war der Nihilismus. Der Disput über diese Frage dauerte manchmal weit über Mitternacht, und je länger sie sprachen, desto mehr ereiferten sie sich, und in der äußersten Hitze des Gefechtes sprachen sie Ansichten aus, die weit extremer waren, als jene, welche sie tatsächlich hatten.

»Die ganze heutige Jugend ist dumpf und unentwickelt!« schrie Dostojewski manchmal. »Ihr sind geputzte Stiefel mehr wert als Puschkin!«

»Puschkin ist in der Tat für unsere Zeit veraltet«, bemerkte ruhig die Schwester, wohl wissend, daß man Fedor Michailowitsch durch nichts so wütend machen konnte, wie durch eine unehrerbietige Bemerkung über Puschkin. Dostojewski war außer sich vor Zorn, nahm den Hut und erklärte feierlich: mit einer Nihilistin zu streiten sei unnütz, und sein Fuß werde unser Haus nicht mehr betreten. Aber er kam selbstverständlich am nächsten Tag wieder, als ob nichts vorgefallen wäre.

Während sich die Beziehungen zwischen Dostojewski und meiner Schwester dem Anscheine nach immer mehr verschlechterten, wuchs meine Freundschaft für ihn täglich. Ich begeisterte mich mehr und mehr für ihn und unterwarf mich vollständig seinem Einfluß. Er bemerkte natürlich meine grenzenlose Verehrung, und sie war ihm angenehm. Er stellte mich stets der Schwester als Vorbild hin.

Wenn Dostojewski irgendeinen tiefen Gedanken oder ein geniales Paradoxon äußerte, die gegen die hergebrachte Moral verstießen, fiel es der Schwester plötzlich ein, so zu tun, als verstehe sie nicht ... mir glühten die Augen vor Begeisterung, sie aber, um ihn zu ärgern, ging mit einigen seichten, abfälligen Bemerkungen darüber hinweg.

»Sie haben eine erbärmliche, unbedeutend kleine Seele!« ereiferte sich dann Fedor Michailowitsch. »Das ist Sache Ihrer Schwester! Sie ist noch ein Kind, aber wie versteht sie mich, weil sie eine feine Seele hat!«

Ich errötete vor Freude, und wenn es nötig gewesen wäre, hätte ich mich in Stücke zerschneiden lassen, um ihm zu beweisen, wie ich ihn verstand.

Tief in der Seele war ich sehr zufrieden, daß Dostojewski nicht mehr so für die Schwester schwärmte, wie zu Beginn ihrer Bekanntschaft. Ich schämte mich dieses Gefühls sehr, machte mir darob und über mein verändertes Benehmen der Schwester gegenüber Vorwürfe und kam, fast unbewußt, mit meinem Gewissen überein, meine heimliche Sünde durch besondere Zärtlichkeit und Dienstfertigkeit wiedergutzumachen. Die Gewissensbisse haben mich jedoch nicht gehindert, jedesmal unwillkürlich zu frohlocken, wenn Anjuta und Dostojewski sich zankten. Fedor Michailowitsch nannte mich seine Freundin – in meiner Naivität glaubte ich ihm mehr zu bedeuten als die ältere Schwester, und daß ich ihn besser verstehe.

Selbst mein Äußeres pries er zu Anjutas Nachteil. »Sie bilden sich ein, daß Sie sehr hübsch sind«, sagte er. Aber

Ihr Schwesterchen da wird mit der Zeit viel hübscher als Sie werden! Sie hat ein ausdrucksvolleres Gesicht und Zigeuneraugen! Sie aber sind nur eine recht nette kleine Deutsche! Das ist es!«

Anjuta lächelte verächtlich; ich aber sog mit Entzücken die mir völlig neuen Lobpreisungen meiner Schönheit ein.

»Sollte das vielleicht zutreffen?« sagte ich mir mit klopfendem Herzen, und ernstlich besorgt dachte ich sogar darüber nach, wie man es einrichten könnte, daß die Schwester durch die Bevorzugung, welche Dostojewski mir angedeihen läßt, nicht gekränkt werde.

Ich hätte so gern erfahren, was Anjuta selbst über all das denkt, und ob es richtig ist, daß ich hübsch sein werde, wenn ich ganz erwachsen bin. Diese letzte Frage beschäftigte mich besonders.

In Petersburg schlief ich mit der Schwester in demselben Zimmer, und abends beim Auskleiden fanden unsere vertraulichsten Gespräche statt.

Anjuta steht gewöhnlich vor dem Spiegel, kämmt ihr langes, blondes Haar und flicht es für die Nacht in zwei Zöpfe. Diese Angelegenheit braucht Zeit: ihr Haar ist sehr dicht, seidenartig, und sie kämmt es gern und lang. Ich sitze auf dem Bett, schon entkleidet, die Hände um die Knie, und denke darüber nach, wie ich das Gespräch auf das Thema bringen soll, das mich so sehr interessiert.

»Was für komische Dinge Fedor Michailowitsch heute sagte!« begann ich schließlich, indem ich mich bemühte, möglichst gleichgültig zu erscheinen.

»Was denn?« fragt die Schwester zerstreut. Offenbar hat sie das für mich so wichtige Gespräch schon längst vergessen.

»Nun, daß ich Zigeuneraugen habe und einmal hübsch sein werde«, sage ich und fühle, daß ich bis über die Ohren erröte.

Anjuta läßt die Hand mit dem Kamm sinken und wendet mir das Gesicht zu, wobei sie malerisch den Hals biegt.

»Und du glaubst, daß Fedor Michailowitsch dich hübscher als mich findet?« fragt sie und blickt mich dabei frohlockend und rätselhaft an.

Dieses seltsame Lächeln, diese grünen, spöttischen Augen und das aufgelöste, blonde Haar machen sie völlig zu einer Wassernixe. Neben ihr, im großen Spiegel, der gerade gegenüber ihrem Bett steht, sehe ich mein eigenes, kleines, braunes Figürchen und kann uns vergleichen. Ich kann nicht sagen, daß dieser Vergleich besonders schmeichelhaft für mich ausfällt, aber der kalte, sichere Ton meiner Schwester ärgert mich, und ich will mich nicht ergeben.

»Der Geschmack ist oft verschieden!« sage ich böse.

»Ja, es gibt auch einen sonderbaren Geschmack!« bemerkt Anjuta ruhig und fährt fort, ihr Haar zu kämmen.

Die Kerze ist schon ausgelöscht, und ich, das Gesicht ins Kissen gedrückt, grüble noch immer über dieselbe Frage nach.

»Es ist ja doch möglich, daß Fedor Michailowitsch einen solchen Geschmack hat, daß ich ihm gefalle«, dachte ich bei mir, und mechanisch, wie ich es als Kind gewohnt war, beginne ich still für mich zu beten: »Lieber Gott! Mögen alle, mag die ganze Welt von Anjuta entzückt sein – mach es nur so, daß ich Fedor Michailowitsch als die Hübscheste erscheine!« Allein dieser Illusion stand in nächster Zeit eine grausame Enttäuschung bevor.

Zu der großen Zahl jener *talents d'agrément*, die zu üben Dostojewski uns ermunterte, gehörte die Musik. Bisher lernte ich das Klavierspielen, wie wohl die meisten Mädchen, ohne dafür eine besondere Leidenschaft oder Abneigung zu empfinden. Ich hatte ein mittelmäßiges Gehör, da man mich aber seit meinem fünften Lebensjahr eineinhalb Stunden täglich Skalen und Übungen spielen ließ, besaß ich bereits im dreizehnten Jahr eine gewisse Fingerfertigkeit, einen ziemlich guten Anschlag und eine Gewandtheit im Notenlesen.

Kurze Zeit, nachdem wir mit Dostojewski bekannt geworden waren, spielte ich ihm einmal ein Stück vor, das ich besonders gut konnte: »Variationen über Motive aus russischen Liedern«. Fedor Michailowitsch war kein eigentlicher Musikliebhaber. Er gehörte zu jenen Menschen, bei denen ein musikalischer Genuß von rein subjektiven Ursachen, von der Stimmung im gegebenen Augenblick abhängt. Oft ruft die beste künstlerische Ausführung bei ihnen nur ein krampfhaft unterdrücktes Gähnen hervor; ein anderes Mal aber bewegt sie ein Leierkasten, der im Hofe spielt, zu Tränen.

Als ich damals spielte, befand sich Fedor Michailowitsch gerade in einer empfindsamen, bewegten Stimmung; deshalb geriet er über mein Spiel in Entzücken und ließ sich in gewohnter Weise hinreißen, an mich die übertriebensten Lobeserhebungen zu verschwenden: ich hätte Talent und Seele und Gott weiß was.

Selbstverständlich gab ich mich seit jenem Tage mit Leidenschaft der Musik hin. Ich erbat mir bei Mama eine gute Lehrerin und verbrachte während unseres ganzen Petersburger Aufenthaltes jede freie Minute am Klavier, so daß ich in diesen drei Monaten tatsächlich große Fortschritte machte.

Jetzt wollte ich für Dostojewski eine Überraschung vorbereiten. Er hatte uns einmal erzählt, daß er von allen musikalischen Kunstwerken die Pathétique von Beethoven am meisten liebe und diese ihn immer in eine Welt vergessener Gefühle versetze. Obgleich die Sonate bedeutend schwieriger war als alle bisher von mir gespielten Stücke, entschloß ich mich doch, sie um jeden Preis einzuüben, und indem ich wirklich alle Mühe daran setzte, erreichte ich es schließlich, daß ich sie leidlich gut spielen konnte.

Jetzt wartete ich bloß auf die günstige Gelegenheit, Dostojewski damit zu erfreuen. Eine solche bot sich bald.

Es blieben bis zur Abreise im ganzen nur noch fünf, sechs Tage. Die Mutter und alle Tanten waren zu einem großen Diner beim schwedischen Gesandten, einem alten Freund unserer Familie, eingeladen. Anjuta, die des Herumfahrens und der Diners müde war, entschuldigte sich mit Kopfschmerzen. Wir blieben allein zu Hause. An diesem Abend kam Dostojewski zu uns.

Die Nähe der Abreise, der Gedanke, daß von den Eltern

niemand zu Hause ist und daß sich solche Abende jetzt nicht bald wiederholen werden, das alles versetzte uns in eine seltsame Gemütsstimmung. Fedor Michailowitsch war auch so eigenartig nervös, nicht, wie es bei ihm in der letzten Zeit oft vorkam, aufgeregt, im Gegenteil, weich und zärtlich.

Da! Jetzt ist ein ausgezeichneter Moment, ihm seine Lieblingssonate vorzuspielen; ich freute mich schon im voraus bei dem Gedanken, welches Vergnügen ich ihm bereiten werde.

Ich begann zu spielen. Die Schwierigkeit des Stückes, die Notwendigkeit, jede Note zu beachten, die Angst, falsch zu greifen, haben bald meine ganze Aufmerksamkeit so sehr in Anspruch genommen, daß ich meiner Umgebung vollständig entrückt wurde und nicht bemerkte, was um mich herum vorging. Ich hatte die Sonate beendet – mit dem befriedigenden Bewußtsein, gut gespielt zu haben. In den Händen fühlte ich eine angenehme Müdigkeit. Noch ganz unter dem Einflusse der Musik und jener angenehmen Erregung, die sich immer nach jeder gut ausgeführten Aufgabe einstellt, erwartete ich das verdiente Lob. Aber alles blieb still. Ich wandte mich um: niemand war im Zimmer.

Das Herz erstarrte mir. Ich wußte nicht, was ich denken sollte; aber nichts Gutes ahnend, ging ich ins nächste Zimmer. Auch da niemand! Ich schob den Türvorhang zur Seite und erblickte endlich im kleinen Salon Fedor Michailowitsch und Anjuta. Aber mein Gott, was sah ich!

Sie saßen nebeneinander auf dem kleinen Sofa. Das Zimmer war von einer Lampe mit großem Schirm nur schwach erleuchtet. Das Gesicht der Schwester konnte ich nicht wahrnehmen, da es im Schatten lag. Aber Dostojewskis Gesicht sah ich deutlich: es war bleich und erregt. Er hielt Anjutas Hand in seinen Händen, und zu ihr gebeugt sprach er mit jenem leidenschaftlichen, stoßweisen Flüstern, das ich kannte und so sehr liebte:

»Mein Täubchen, Anna Wassiliewna, bedenken Sie doch, ich liebte Sie ja von dem ersten Augenblick an, da ich Sie erblickte; ja, sogar früher ahnte ich es schon, aus den Briefen vorher. Und nicht mit Freundschaft liebe ich Sie, sondern mit Leidenschaft, mit meinem ganzen Wesen ...«

Mir wurde es dunkel vor den Augen. Das Gefühl einer bitteren Vereinsamung, einer furchtbaren Kränkung erfaßte mich plötzlich, und das ganze Blut, das anfangs zum Herzen strömte, stürzte in heißen Wellen zum Kopf. Ich ließ die Portière los und rannte aus dem Zimmer; hinter mir hörte ich den Stuhl umfallen, den ich unvorsichtigerweise angestoßen hatte.

»Bist du es, Sonja?« rief die Schwester erschrocken.

Ich aber antwortete nicht, lief davon und blieb erst stehen, als ich unser Schlafzimmer auf der gegenüberliegenden Seite, am Ende eines langen Korridors, erreicht hatte. Ohne die Kerze anzuzünden, riß ich mir das Kleid herab, warf mich noch halb angekleidet aufs Bett und vergrub den Kopf unter die Decke.

Ich hatte in diesem Augenblick nur die eine Angst, daß etwa die Schwester kommen und mich in den Salon zurückrufen könnte. Ich hätte den Anblick der beiden jetzt nicht ertragen.

Ein noch nie empfundenes Gefühl der Verbitterung, der Beleidigung und Scham erfüllte meine Seele. Bis zu dieser Stunde hatte ich mir selbst in den geheimsten Betrachtungen über die Gefühle für Dostojewski keine Rechenschaft gegeben und mir nicht eingestanden, daß ich in ihn verliebt sei. Obgleich ich erst dreizehn Jahre alt war, hatte ich schon ziemlich viel von Liebe gehört und gelesen, aber ich glaubte, daß man sich nur in Büchern, nicht aber im wirklichen Leben verliebt. Was Dostojewski betrifft, dachte ich, daß dies das ganze Leben lang so gehen würde, wie es diese Monate gewesen.

»Und mit einem Male alles, alles zu Ende!« wiederholte ich mir immer wieder voller Verzweiflung. Und erst jetzt, da mir alles als ein unwiederbringlicher Verlust erschien, wurde mir deutlich, wie glücklich ich alle diese Tage, gestern, heute, noch einige Augenblicke vorher gewesen war – und jetzt, mein Gott, jetzt!

Was zu Ende war, was sich verändert hatte, gestand ich mir nicht ein; ich fühlte bloß, daß alles für mich abgeblüht und weiter zu leben nicht der Mühe wert sei.

»Und weshalb haben sie mich genarrt, weshalb heimlich getan, weshalb sich verstellt?« warf ich ihnen mit boshafter Ungerechtigkeit vor.

»Nun, mag er sie lieben, mag er sie heiraten, was geht mich das an!« sagte ich mir einige Sekunden darauf; aber die Tränen flossen immer fort, und im Herzen fühlte ich jenen unerträglichen, mir neuen Schmerz.

Die Zeit verstrich. Jetzt hätte ich gewünscht, daß Anjuta mich holen käme. Ich zürnte ihr, daß sie nicht nach mir sah.

»Sie kümmern sich nicht um mich, auch wenn ich sterben würde! Gott, wenn ich wirklich sterben könnte!« Ich tat mir plötzlich unsäglich leid, und die Tränen flossen noch stärker.
»Was tun sie wohl jetzt? Wie glücklich müssen sie miteinander sein!« Und bei diesem Gedanken überkam mich das unbändige Verlangen, hinzulaufen und ihnen Grobheiten zu sagen. Ich sprang aus dem Bett, suchte mit zitternden Händen ein Streichhölzchen, um Licht zu machen und mich anzukleiden. Aber ich fand keines.
Da ich meine Kleidungsstücke vorhin im Zimmer herumgeworfen hatte, konnte ich mich im Finstern nicht anziehen, und das Stubenmädchen zu rufen, schämte ich mich; deshalb warf ich mich abermals ins Bett und begann, im Gefühl meiner hilflosen, hoffnungslosen Verlassenheit, wieder zu weinen.
Von den ersten Tränen ermüdet man bald – wenn man solche Schmerzausbrüche nicht gewohnt ist. Der Paroxismus einer großen Verzweiflung verwandelt sich in eine dumpfe Starre.
Aus dem Salon drang kein Laut bis zu unserm Schlafgemach, aber aus der benachbarten Küche hörte man, wie die Dienstboten das Abendbrot vorbereiteten. Sie klopften mit Tellern und Messern; die Mädchen plauderten und lachten. »Alle sind fröhlich, allen ist es wohl, bloß ich bin einsam ...«
Endlich, nach Verlauf von einigen Ewigkeiten, wie es mir schien, vernahm man starkes Klingeln. Das waren die Mutter und die Tanten, welche vom Diner zurückkehrten. Man hörte die eiligen Schritte des Dieners, der

öffnen ging; dann erklangen im Vorzimmer laute, fröhliche Stimmen, wie immer, wenn man von einem Besuch heimkehrt.

»Dostojewski ist sicherlich noch nicht fortgegangen. Wird Anjuta der Mutter gleich heute oder erst morgen erzählen, was sich ereignet hat?« dachte ich. Und da unterschied ich auch schon seine Stimme unter den anderen. Er verabschiedet sich, beeilt sich fortzugehen. Mit angespanntem Gehör vernehme ich sogar, wie er die Galoschen anzieht. Wieder schlägt die Vorzimmertür zu, und bald darauf hörte man im Korridor das Geräusch von Anjutas Schritten. Sie öffnete die Tür, und ein heller Lichtstreifen fiel mir gerade ins Gesicht. Dieses unerträglich scharfe Licht tat meinen verweinten Augen weh, und ein geradezu körperliches Gefühl der Feindseligkeit gegen die Schwester stieg plötzlich in mir auf.

»Die Abscheuliche! Sie freut sich!« dachte ich verbittert, kehrte mich rasch zur Wand und stellte mich schlafend.

Anjuta sputete sich nicht, stellte die Kerze auf die Kommode, dann kam sie an mein Bett und stand einige Minuten schweigend da. Ich lag regungslos und hielt den Atem an.

»Ich sehe es doch, daß du nicht schläfst!« sagte Anjuta schließlich.

Ich schwieg noch immer.

»Nu, wenn du schmollen willst, so schmolle! Für dich ist es ja schlimmer, du wirst nichts erfahren!« sagte die Schwester und begann sich auszukleiden, als ob nichts geschehen wäre.

Ich erinnere mich, daß ich jene Nacht einen Traum hatte. Überhaupt ist das sehr seltsam: wann immer im Leben ein großer, schwerer Schmerz über mich hereinbrach, träumte ich stets in der darauffolgenden Nacht merkwürdig schöne und angenehme Träume. Aber wie schwer ist dafür der Augenblick des Erwachens! Die Träume sind noch nicht ganz verschwunden; im ganzen Körper, noch müde von den gestrigen Tränen, fühlt man nach einigen Stunden lebhaften Träumens eine angenehme Erschöpfung, ein physisches Wohlbehagen infolge der wiederhergestellten Harmonie. Plötzlich schlägt im Kopf wie mit einem Hammer die Erinnerung an jenes schreckliche, nicht wieder gutzumachende Ereignis von gestern, und das Bewußtsein der Notwendigkeit, weiterzuleben und sich zu quälen, legt sich wie Zentnerlast auf die Seele.

Viel Schlechtes gibt es im Leben! Alle Arten von Leiden sind widerwärtig! Schwer ist der Paroxismus der ersten, starken Verzweiflung, wenn sich das ganze Wesen empört und unser Herz sich weigert, die volle Größe des Verlustes zu ermessen. Sind jene langen, langen Tage, die folgen, denn nicht fast noch schlimmer, wenn die Tränen schon alle ausgeweint sind und die Erregung sich gelegt hat und der Mensch nicht mehr mit dem Kopf gegen die Wand rennen will, sondern bloß erkennt, wie sich in seiner Seele unter dem Druck des hereingebrochenen Schmerzes ein langsamer, für andere unsichtbarer Prozeß der Vernichtung und des Verfalles vollzieht? Alles das ist entsetzlich und qualvoll, aber dennoch sind die ersten Minuten der Wiederkehr zur traurigen Wirklichkeit, nach der kurzen Zwischenzeit der Bewußtlosigkeit, beinahe die allerschwersten.

Den ganzen nächsten Tag verbrachte ich in fieberhafter Erwartung: was wird geschehen? Die Schwester befragte ich über gar nichts. Ich fuhr fort, gegen sie den gestrigen Unwillen zu fühlen, allerdings schon in schwächerem Maße, und wich ihr deshalb überall aus. Als sie mich so unglücklich sah, versuchte sie, sich mir zu nähern, mit mir zärtlich zu sein, aber ich stieß sie unsanft, voll plötzlich aufsteigenden Zornes weg. Da war auch sie beleidigt und überließ mich meinen eigenen traurigen Gedanken.

Ich weiß nicht warum, aber ich erwartete, daß Dostojewski zu uns kommen und daß dann etwas Fürchterliches geschehen werde, aber er kam nicht. Wir setzten uns schon zu Tisch, und er zeigte sich noch immer nicht. Am Abend erfuhr ich, daß wir ins Konzert fahren sollen. Während die Zeit verstrich, ohne daß er kam, wurde mir immer leichter ums Herz, und in mir begann sogar eine dunkle, unbestimmte Hoffnung zu keimen.

Plötzlich fiel mir ein: »Sicherlich wird die Schwester auf das Konzert verzichten, zu Hause bleiben, und wenn sie allein ist, wird Fedor Michailowitsch kommen.« Mein eifersüchtiges Herz krampfte sich bei diesem Gedanken zusammen.

Allein, Anjuta verzichtete nicht auf das Konzert, sie fuhr mit uns und war den ganzen Abend sehr heiter und gesprächig.

Nach der Rückkehr, als wir uns schon zu Bette begeben hatten und Anjuta sich bereits anschickte, die Kerze aus-

zulöschen, hielt ich es nicht mehr aus. Ohne sie anzusehen, fragte ich:
»Wann wird dich denn Fedor Michailowitsch besuchen?«
Anjuta lächelte. »Du willst ja doch nichts wissen, du willst ja mit mir nicht sprechen, du beliebst ja mit mir zu schmollen!«
Ihre Stimme war so mild und weich, daß mein Herz plötzlich schmolz, und sie mir wieder schrecklich lieb wurde.
»Wie soll er sie denn nicht lieben, wenn sie so bezaubernd ist! und ich – so schlecht und böse!« dachte ich bei mir in plötzlich überströmender Selbstdemütigung.
Ich kroch zu ihr ins Bett hinüber, schmiegte mich an sie und weinte. Sie strich mir zärtlich übers Haar.
»Na, hör doch einmal auf, Närrchen! Ist die aber dumm!« wiederholte sie zärtlich. Plötzlich konnte sie sich nicht länger beherrschen und brach in Lachen aus: »Was für eine Idee! Sich zu verlieben! Und in wen? In einen Menschen, der dreieinhalb mal älter ist als sie!«
Diese Worte, dieses Lachen erweckten in meiner Seele mit einem Mal eine unsinnige Hoffnung.
»Also wirklich, du liebst ihn nicht?« fragte ich flüsternd, vor Aufregung fast atemlos.
Anjuta wurde nachdenklich. »Ja, siehst du«, begann sie und hatte augenscheinlich Mühe, die richtigen Worte zu finden: »Ich, das versteht sich, liebe ihn sehr und ungeheuer, ungeheuer verehre ich ihn! Er ist so gut, so klug, so genial!« Sie belebte sich jetzt völlig, und mein Herz ward wieder beklommen. »Aber wie soll ich dir das erklären? Ich liebe ihn nicht so, wie er ... nun, mit

einem Wort, ich liebe ihn nicht so, um ihn zu heiraten!« entschied sie plötzlich.

Gott, wie hell wurde es in meiner Seele! Ich stürzte mich auf die Schwester und begann ihr Hände und Hals zu küssen. Anjuta sprach noch lange.

»Und siehst du, ich selbst wundere mich manchmal, daß ich ihn nicht lieben kann! Er ist ein so guter Mensch! Anfangs glaubte ich, daß ich ihn vielleicht lieben werde. Aber er braucht eine ganz andere Frau, als ich es bin. Seine Frau muß sich ihm ganz, ganz widmen, ihm ihr ganzes Leben hingeben und nur an ihn denken. Und das kann ich nicht; ich will selbst leben! Überdies ist er so nervös und anspruchsvoll. Er reißt mich förmlich an sich, neben ihm verschwinde ich; bei ihm bin ich niemals ich selbst.«

Das alles sagte Anjuta nur scheinbar mir, im Grunde aber, um sich selbst klar zu werden. Ich gab mir den Anschein, daß ich sie verstehe und mit ihr fühle, doch im Herzen dachte ich: »Gott! Welches Glück muß es sein, stets bei ihm zu weilen und sich ihm völlig unterzuordnen! Wie kann die Schwester ein solches Glück von sich stoßen!«

Wie dem auch sei, diese Nacht schlief ich lange nicht mehr so unglücklich ein wie am Abend vorher.

Nun war der für die Abreise bestimmte Tag schon ganz nahe. Fedor Michailowitsch kam noch einmal zu uns, um Abschied zu nehmen. Er blieb nicht lange und betrug sich Anjuta gegenüber freundschaftlich und unbefangen, und sie versprachen einander zu schreiben. Sein Abschied von mir war sehr zärtlich. Zu guter Letzt küßte er mich sogar, hatte aber sicher keine Ahnung, welcher Art meine Gefühle für ihn waren und wie viele Leiden er mir verursacht hatte.

Sechs Monate später erhielt die Schwester von Fedor Michailowitsch einen Brief, in welchem er ihr mitteilt, daß er einem wunderbaren Mädchen begegnet sei, das er liebgewonnen und das ihn heiraten wolle. Dieses Mädchen war Anna Grigoriewna, seine zweite Frau. »Wenn mir jemand das vor einem halben Jahr gesagt hätte, ich schwöre Ihnen bei meiner Ehre, ich hätte es nicht geglaubt!« bemerkte Dostojewski naiv am Schlusse seines Briefes.

Meine Herzenswunde heilte bald. Jene wenigen Tage, die wir noch in Petersburg blieben, fühlte ich noch einen ungewöhnlichen Druck im Herzen und ging trauriger und stiller als sonst umher. Aber die Reise verwischte die letzten Spuren jenes Sturmes in meiner Seele.

Wir reisten im April ab. In Petersburg herrschte noch der Winter; es war kalt und unangenehm. Aber in Witebsk begegnete uns schon der Frühling, der ganz unerwartet innerhalb zweier Tage in seine Rechte getreten war. Alle Bäche und Flüsse überfluteten die Ufer und bildeten riesige Seen. Die Erde taute auf, es war ein unglaublicher Schmutz.

Auf der Chaussee kam man noch einigermaßen vorwärts, jedoch um unsere Kreisstadt zu erreichen, mußten wir im Posthof unseren Reisewagen stehen lassen und zwei schlechte Tarantas mieten. Die Mutter und der Kutscher klagten und jammerten und sorgten sich, wie wir durch all den Schlamm hindurch kommen würden. Die

Mutter befürchtete außerdem, der Vater werde ihr Vorwürfe machen, daß wir so lange in Petersburg geblieben waren. Allein, ungeachtet all der Klagen und des Jammerns war die Fahrt doch herrlich!

Ich erinnere mich, wie wir schon spät am Abend durch die Fichtenwälder fuhren. Weder ich noch die Schwester konnten schlafen. Wir saßen schweigend nebeneinander und durchlebten noch einmal alle die verschiedenen Eindrücke der letzten drei Monate, und wir sogen gierig den würzigen Frühlingsduft ein, von dem die Luft durchtränkt war. Uns beiden war das Herz von einer bangen Erwartung beklommen.

Es wurde nach und nach völlig dunkel. Wir fuhren im Schritt, weil der Fahrweg schlecht war; der Kutscher schien auf dem Bock eingeschlummert zu sein, man hörte keinen Zuruf an die Pferde mehr, nur noch das Klatschen ihrer Hufe im Kot und das leise Klingeln der Schellen. Der Fichtenwald dehnte sich zu beiden Seiten der Fahrstraße dunkel und geheimnisvoll und wie undurchdringlich. Als wir ins freie Feld gelangten, tauchte plötzlich hinter dem Wald der Mond auf und übergoß alles mit silbernem Licht, so hell und unerwartet, daß uns unheimlich wurde.

Nach der letzten Auseinandersetzung mit der Schwester in Petersburg berührten wir zwar keine persönlichen Fragen mehr, aber eine gewisse Gespanntheit verblieb, irgend etwas Trennendes stand zwischen uns. In diesem Augenblick jedoch drängten wir uns aneinander, umfaßten uns, und wir fühlten beide, daß es zwischen uns nichts Fremdes mehr gab, daß wir uns nahe waren wie einst. Uns ergriff das Gefühl einer unbewußten, undefinierbaren Lebensfreude. Gott! Wie lockte und winkte das vor uns liegende Leben, wie unbegrenzt, geheimnisvoll und herrlich erschien es uns in dieser Nacht.

Nachwort

Was sich fast wie ein Märchen liest, ein Backfischtraum in Turgenjewscher Tönung, Kinderspiele und erste Soirees, Rouge auf den Wangen und Liebeleien mit einem Poeten – das endet unvermutet in einem Anruf der Freiheit, redet über jede Idylle hinweg, bricht kühn aus. Dieses Buch holt zärtlich die Vergangenheit seiner Autorin ein, aber seine Erinnnerung ist gefärbt von einer Gegenwart, die dem schönen Spielgrund mißtrauen muß: die noch nicht Vierzigjährige, die Kindheit und Jugend memoriert, ist müde von einer ebenso strengen wie turbulenten Selbstbefreiung, deren revolutionären Fortgang sie nur ahnt. Wenn am Schluß der Erzählung ihre Schwester und sie losgelöst von den freundlichen Bindungen an das reiche Elternhaus eine Zukunft beschwören, in der sie sich frei bewegen werden, dann ermessen sie die Schmerzen und Bedrängnisse nicht, die sie ihr Ausbruch kosten wird. Wenig war den Mädchen in ihren goldenen Käfigen erlaubt, sie tanzten, flirteten, heirateten jemanden, dessen Stand die Eltern zufriedenstellte, schickten sich in die Existenz einer erst gepäppelten, dann vergessenen Dienerin. Aber im Westen hatte es Revolutionen gegeben, wußte man Frauen als Gefährtinnen im Kampf, und nicht wenige junge Damen in Rußland heirateten nur, um dorthin zu gelangen. Auch Sonja Kowalewski;

ihre Schwester Anjuta verband sich einem Studenten und stand mit ihm auf den Barrikaden der Kommune in Paris: die Emanzipation ging rasch, und sie waren ihr nicht immer gewachsen. Freilich, der Wille, die sanfte Knechtschaft zu brechen, überwand gesellschaftliche Fallen, überhörte böse Nachrede. Sie, und andere, widerlegten das verlogene Bild, das sich eine feudale Society, um sich zu schützen, von der Frau machte. Und sie waren hernach großmütig genug, den Zauber ihrer Kindheit nicht zu bestreiten. Sie lebten, für ihre Rechte leidend, auch von ihm.

Am 3. Januar 1850 wurde Sophia Wassiliewna Krukowska in Moskau geboren; ihr Vater war General, ihre Mutter eine deutsche Adelige; die Gesellschaft, die sie umfing, wiegte sich in Sicherheit, und der Glanz eines graziös ausgekosteten Wohllebens war eine natürliche Mitgift.

Mit achtzehn Jahren heiratete Sonja Krukowska einen jungen Geologen, Wladimir Kowalewski, er nicht viel älter als sie, beide noch Studenten, und 1869 kamen sie nach Heidelberg. Sie hörte bei Helmholtz. In England besuchte sie Darwin und Huxley. Sie avancierte rasch; ihr Charme, ihre bewegliche Gelehrsamkeit machten Professoren zu Mentoren. Ihre Ehe spannte sich, und sie gingen für einige Zeit auseinander, Kowalewski nach Jena, sie nach Berlin. Vier Jahre lang war sie Privatschülerin des bedeutenden Mathematikers Weyerstrass, denn noch war es nicht gestattet, daß Frauen an der Berliner Universität studierten. Weyerstrass verfolgte mit väterlicher Aufmerksamkeit ihren späteren Weg. An der Universität Göttingen reichte sie ihre Doktorarbeit ein: ›Zur Theo-

rie der partiellen Differentialgleichung.‹ Sie wurde, ohne mündliche Prüfung, Doktor der Philosophie.
Nach dem Tod des Vaters erbte Sonja einen Teil seines Vermögens. Sie dozierte bereits und fand, im Ruhme ruhiger geworden, zu ihrem Mann zurück. 1878 bringt sie ihr einziges Kind, ein Mädchen, zur Welt. Die Moskauer Gesellschaft, in der sie sich mit angeborener Grazie und erworbener Erfahrung bewegt, applaudiert ihr. Kowalewski ist Professor geworden. Die Umgebung aber, in der sie nun ihr Leben führt, eingeebnet in einer faden Regelhaftigkeit, beengt sie, ihr unruhiger Geist reibt sich an ihr, sie wehrt sich gegen Zwänge, am Ende flieht sie. Sie entsinnt sich ihrer Freundin Charlotte Leffler, deren Mann, G. M. Mittag-Leffler, an der Universität Stockholm Mathematik lehrt. In Stockholm wird die inzwischen mehrfach mit internationalen Preisen Geehrte erfreut empfangen. Sie kann dozieren. Und 1889 wird sie endlich Professor. Zwei Jahre später stirbt sie.
Ihre ›Jugenderinnerungen‹ erschienen zwei Jahre nach ihrem Tode in der Zeitschrift ›Literaturnyia sotschinenija‹, wurden mehrfach übertragen, und der S. Fischer Verlag brachte sie 1897 in der Übersetzung von Louise Flachs-Fokschaneanu in Deutschland heraus.

P. H.